Westliches Ruhrgebiet

Östliches Ruhrgebiet

Schurenbachhalde (Tour 20)

Ruhrgebiet

Alle Informationen, schriftlich und zeichnerisch, wurden nach bestem Wissen zusammengestellt und überprüft. Sie waren korrekt zum Zeitpunkt der Recherche. Eine Garantie für den Inhalt, z.B. die immerwährende Richtigkeit von Preisen, Adressen, Telefon- und Faxnummern sowie Internetadressen, Zeit- und sonstigen Angaben, kann naturgemäß von Verlag und Autor - auch im Sinne der Produkthaftung - nicht übernommen werden.

Die Autoren und der Verlag sind für Lesertipps und Verbesserungen (besonders per E-Mail) unter Angabe der Auflagen- und Seitennummer dankbar.

Dieses OutdoorHandbuch hat 160 Seiten mit 53 farbigen Abbildungen, 20 farbigen Kartenskizzen im Maßstab 1:25.000/1:50.000 sowie 11 farbigen Höhenprofilen und einer farbigen, ausklappbaren Übersichtskarte. Es wurde auf chlorfrei gebleichtem Papier gedruckt, in Deutschland klimaneutral hergestellt und transportiert und wegen der größeren Strapazierfähigkeit mit PUR-Kleber gebunden.

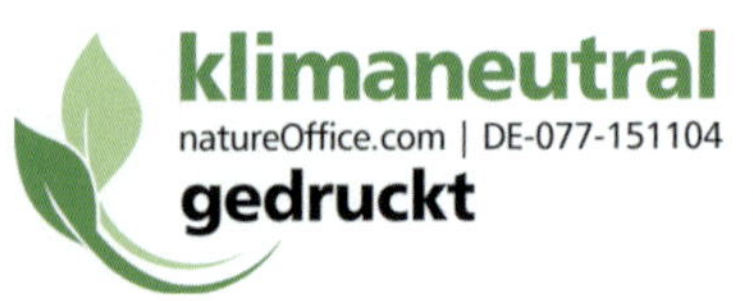

Dieses Buch ist im Buchhandel und in Outdoor-Läden erhältlich und kann im Internet oder direkt beim Verlag bestellt werden.

OutdoorHandbuch aus der Reihe „Regional", Band 251

ISBN 978-3-86686-500-6 1. Auflage 2016

Dieses OutdoorHandbuch wurde konzipiert und redaktionell erstellt vom Conrad Stein Verlag GmbH, Kiefernstraße 6, 59514 Welver,
☎ 023 84/96 39 12, FAX 023 84/96 39 13,
info@conrad-stein-verlag.de, www.conrad-stein-verlag.de

Besuchen Sie uns bei Facebook & Instagram:

 www.facebook.com/outdoorverlage (Die Outdoor-Verlage)

 www.instagram.com/die_outdoor_verlage (die_outdoor_verlage)

Text und Fotos: Ulrike Kathrin Peters & Karsten-Thilo Raab
Lektorat: Amrei Risse
Karten und Layout: Manuela Dastig

Gesamtherstellung: Werbedruck GmbH Horst Schreckhase

Titelfoto: Slinky springs to fame (Tour 3)

Inhalt

Ruhrgebiet

Wandern im größten Ballungsraum Europas? Was für Menschen, die das Ruhrgebiet nicht kennen, wie ein Widerspruch klingen mag, ist längst zu einem Geheimtipp in der Outdoor-Gemeinde Europas geworden. Wo sonst findet man lauschige Seen und unberührte Wälder in Kombination mit coolen, frei zugänglichen Kunstinstallationen? Spannend und abwechslungsreich zeigt sich die grüne Seite des Ruhrgebiets, die durch diesen Wanderführer erlebbar gemacht wird.

Wer einmal eine Halde erklommen hat und dort auf eine der faszinierenden Landmarken wie das Tetraeder oder die überdimensionale Bergmannslampe „Das Geleucht" des Künstlers Otto Piene getroffen ist, der wird vermutlich in seiner weiteren Karriere als Wanderer von jedem Gipfelkreuz enttäuscht sein.

Lange vornehmlich durch die Stahlindustrie und den Bergbau geprägt, verfügt die Region heute über eine der dichtesten Kulturlandschaften Europas. Und auch in puncto Freizeitgestaltung und Wandererlebnis wartet der „Pott" mit einer ungeahnten Vielfalt auf.

Zwischen Bochum, Bottrop, Dortmund, Duisburg, Essen, Gelsenkirchen, Hagen, Herten, Mülheim an der Ruhr und Oberhausen, Wesel und dem Ennepe-Ruhr-Kreis die Wanderstiefel zu schnüren, verspricht eine Entdeckungstour voller überraschender Elemente.

Reise-Infos

Allgemeine Informationen

- Ruhr Tourismus GmbH, Centroallee 261, 46047 Oberhausen, ☏ 018 06/18 16 20, ✉ info@ruhr-tourismus.de, 💻 www.ruhr-tourismus.de
- Regionalverband Ruhr (RVR), Kronprinzenstraße 35, 45128 Essen, ☏ 02 01/206 90, 💻 www.metropoleruhr.de

Anreise

🚗 Das Ruhrgebiet wird von einem dichten Netz an Autobahnen durchzogen. Von Ost nach West bilden die A2, die A40 (Ruhrschnellweg) und die A42 die

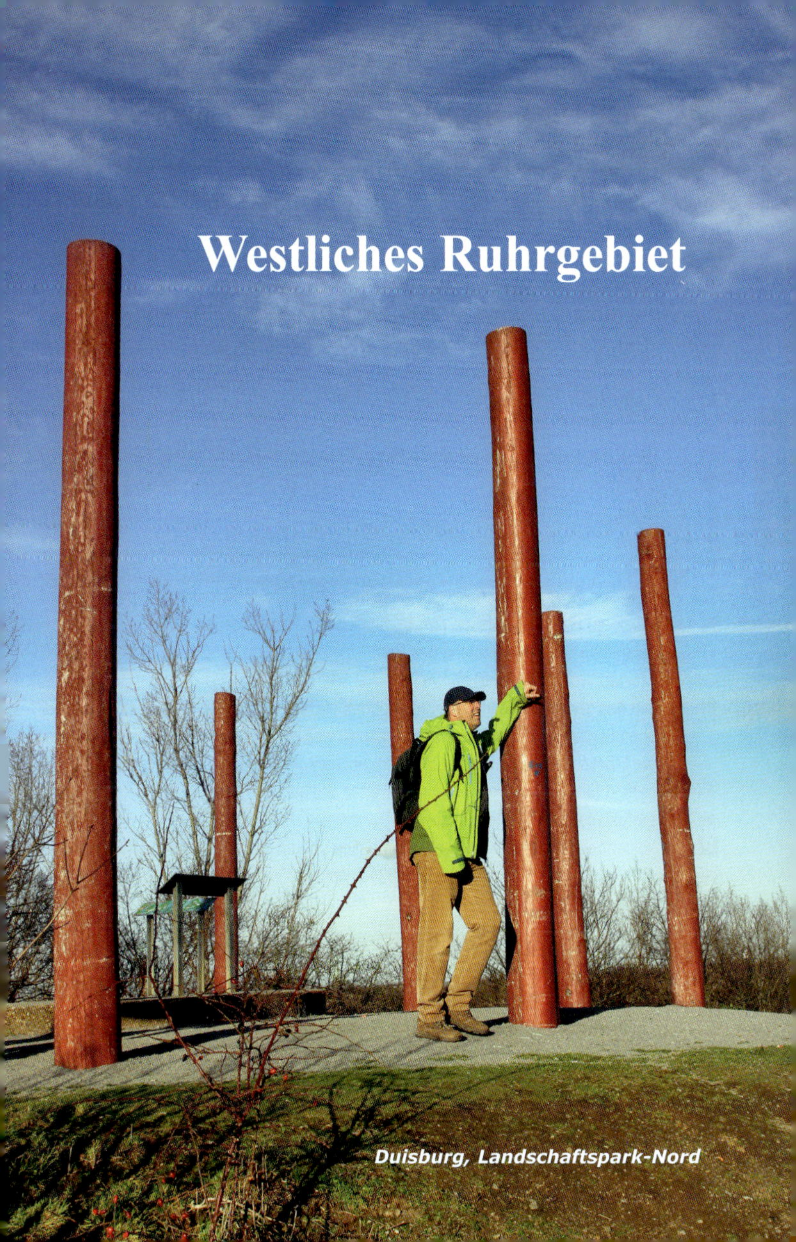
Westliches Ruhrgebiet
Duisburg, Landschaftspark-Nord

1 Duisburger Sechs-Seen-Platte – nahe am Wasser gebaut …

Tour für Familien

Besonders an Sommertagen erfreut sich die Duisburger Sechs-Seen-Platte großer Beliebtheit, weil man quasi an jeder Ecke Erfrischung im kühlen Nass finden kann – auch wenn dies an vielen Stellen eigentlich nicht gestattet, gleichwohl aber geduldet ist. Verschlungene Wege, Bootsverleihe und Möglichkeiten, sich unterwegs mit einem Eis zu belohnen, machen diese Wanderung auch für Familien mit Kindern attraktiv.

Start/Ziel: Ecke Masurenallee/Am See in Duisburg, GPS N 51°23.452' E 006°48.120'
7,4 km
2 Std.
45 m/45 m
25-43 m
In weiten Teilen der Strecke gibt es keine einheitliche Markierung.
Kiosk am Freibad Wolfssee (km 6), Kiosk Seebüdchen (ca. km 6,5)
zahlreiche Sitzbänke entlang der Tour
Freibad Wolfssee (km 6)
Die riesigen Waldflächen mit ihren Tobemöglichkeiten, die Uferzone mit den zahlreichen Stellen, an denen am Wasser gespielt werden kann, sowie die Spielflächen und die Möglichkeiten zum Tretbootfahren machen die Tour ideal für Kinder.
perfekt für Buggys – keine nennenswerten Steigungen, breite Wege, keine Stufen
perfektes Auslaufgebiet für Hunde
kostenfreie Parkplätze an der Masurenallee und an der Straße Am See
ab Hauptbahnhof mit der Buslinie 934 Richtung Großenbaum Bahnhof Ost bis zur Haltestelle Am See

Sechs-Seen-Platte

Sechs ehemalige Kiesgruben, die allesamt geflutet wurden, bilden heute als Wambachsee, Masurensee, Böllertsee, Wolfssee, Wildförstersee und Haubachsee eines der größten und schönsten Naherholungsgebiete in Duisburg. Das 283 ha große Areal der Sechs-Seen-Platte wird von einem rund 25 km langen (Wander-)Wegenetz durchzogen. Am Wolfssee ist ein Freibad eingerichtet und zahlreiche Strandabschnitte laden ebenfalls zum Baden und Entspannen ein. Zudem bieten die Seen zahlreiche Wassersportmöglichkeiten.

♦ Sechs-Seen-Platte, Masurenallee (Parkplatz), 47279 Duisburg, rund um die Uhr frei zugänglich

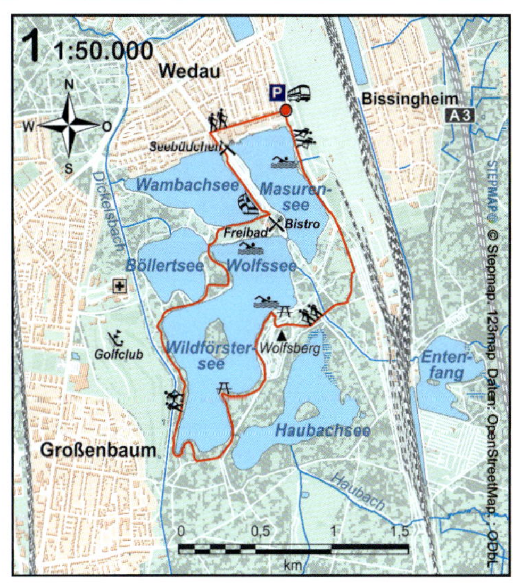

Der Startpunkt liegt an der Ecke der Masurenallee und der Straße Am See. Hier stehen entlang der Straße Am See Parkmöglichkeiten zur Verfügung, zudem finden Sie hier einen öffentlichen P Parkplatz.

Sie gehen ein kleines Stück die Straße Am See entlang, vorbei am Parkplatz. Nach ca. 25 m biegen Sie links in einen Fußweg ein. Linker Hand liegt ein Parkplatz. Auf der rechten Seite erscheint nach wenigen Metern mit dem **Masurensee** bereits der erste der sechs Seen. Nach 200 m ist dann auf der linken Seite auch ein kleiner Kinderspielplatz zu sehen.

Nach 365 m ist dann eine große Liegewiese erreicht, auf der an Sommertagen zahlreiche Sonnenhungrige mit Picknickdecken liegen; es wird gegrillt und in den kühlen Fluten tummeln sich Wasserfreunde. Es gibt hier einen kleinen Strandabschnitt, an dem man genüsslich die Füße ins Wasser tauchen kann. Viele Freizeitkapitäne in Schlauchbooten, aber auch Segler sind auf dem Wasser unterwegs.

Nach 780 m wird der geschotterte Weg zu einem breiten Bürgersteig, neben dem ein Radweg verläuft. Wenn Sie dann auf den Strohweg treffen, überqueren Sie diesen geradeaus und gehen auf dem geschotterten Weg weiter. Bei einer T-Kreuzung bei km 1,2 halten Sie sich rechts.

Bei km 1,32 biegen Sie sofort wieder links ab. Es geht auf geschottertem Untergrund durch einen Wald. Wenn Sie bei km 1,41 auf eine Kreuzung treffen, biegen Sie rechts ab. 80 m weiter zweigt ein Weg rechts ab, dort gehen Sie weiter geradeaus. Bei km 1,59 überqueren Sie einen breiten Bach mittels einer Brücke

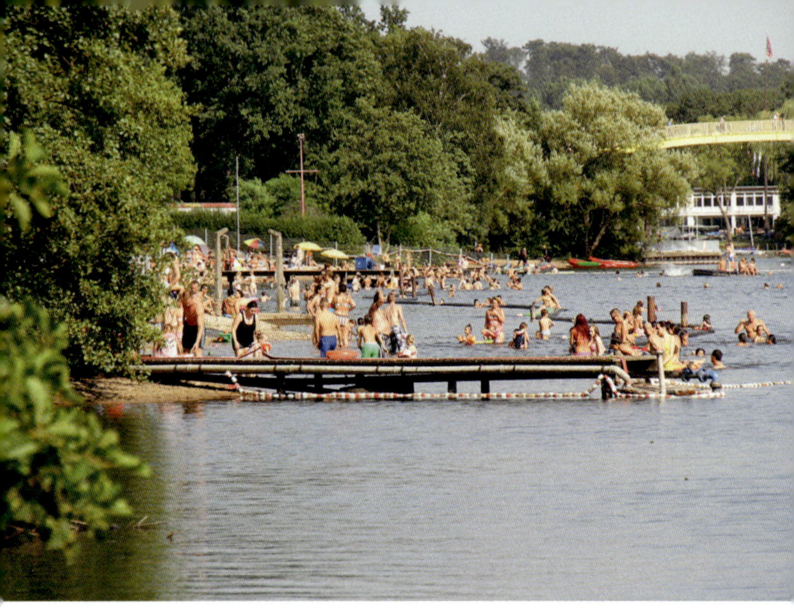

Sechs-Seen-Platte

und setzen den Weg weiter geradeaus fort. Auch an der nächsten Kreuzung (nach 40 m) gehen Sie weiter geradeaus.

Die nächsten beiden Gabelungen nach links ignorieren Sie – ebenso den Abzweig nach rechts bei km 1,84 – und gehen geradeaus weiter. Auch den nächsten Abzweig nach rechts beachten Sie nicht, hier steigt der Weg leicht an. Bei km 1,96 gabelt sich der Weg, hier halten Sie sich rechts. Dann, 30 m weiter, treffen Sie auf Treppen auf der rechten Seite, die Sie hinuntergehen.

Sie queren einen Wanderweg und steigen auch die nächsten Stufen hinunter. So gelangen Sie direkt wieder an das Ufer eines Sees. Unten angekommen geht es linksherum. An dieser Stelle gibt es auch wieder einen kleinen Sandstrand, der zum Hineinhüpfen ins Wasser einlädt. Bald ist außerdem ein (gebührenpflichtiger) Grillplatz erreicht. (Informationen und Buchungen unter ☏ 020 65/52 91 73, 💻 www.forsttech.de)

Die Wanderung führt am Ufer weiter. Zahlreiche Wassersportler wie Segler tummeln sich bei entsprechendem Wetter auf dem See und sorgen für maritimes Flair. Wenn der Weg sich dann bei km 2,39 gabelt, halten Sie sich rechts und gehen weiter am Ufer lang. Parkbänke mit Blick auf den See laden hier zu einer Picknickpause ein.

An einem Steg bei km 2,5 knickt der Weg nach links ab, Sie nehmen sofort die nächste Möglichkeit rechts und wenden sich dann direkt wieder nach rechts. Wenn der Weg sich dann bei km 2,64 abermals gabelt, wählen Sie den rechten Weg. Durch ein schattiges Waldstück geht es in Ufernähe immer in Sichtweite zum Gewässer weiter. Bei km 2,87 ist eine weitere beliebte Badestelle erreicht, bevor der Weg einen Knick nach links macht. Hier ist ebenfalls ein überdachter Grillplatz zu finden.

Sie queren einen kleinen Bach und auf der linken Seite ist etwas verdeckt der **Haubachsee** zu finden. Die Seen gehen ineinander über. Bei km 3,36, an einer T-Kreuzung, biegen Sie rechts ab, an der nächsten Gabelung (km 3,58) ebenso. Der Weg schlängelt sich direkt am Ufer des Sees entlang. An der nächsten Gabelung halten Sie sich rechts.

Bei km 4,67 halten Sie sich an der Gabelung dann wieder rechts. An der Engstelle zwischen dem **Böllertsee** und dem Wolfssee haben Sie bereits gut 5 km zurückgelegt. An der nächsten Gabelung (km 5,16) biegen Sie rechts ab. Dann kommt das **Freibad Wolfssee** in den Blick.

Wenn sich Ihr Weg nach der kleinen Engstelle (mit inoffizieller Badestelle) teilt, gehen Sie rechts in Richtung Freibad. Der Weg steigt leicht an und führt Sie direkt auf einen überdachten Unterstellplatz zu. Dann gabelt er sich und Sie gehen nach rechts, weiter Richtung Freibad. Bei km 6,09 ist es erreicht.

Freibad Wolfssee, www.freibad-wolfssee.de, Mai-Sep täglich 10:00-20:00 (bei Badewetter), Eintritt: Erwachsene € 4, Kinder und Jugendliche € 3. Der kleine Kiosk namens „Bistro" hält Getränke, Eis und kleine Knabbereien bereit.

Unmittelbar bevor Sie auf eine Straße treffen, halten Sie sich links. Sie folgen dem Fußweg am Ufer des Masurensees entlang. Bald liegen auf der linken Seite eine kleine Aussichtsplattform sowie etwas unterhalb ein Bootsverleih. Es geht ein Stück weiter geradeaus an der Straße Kalkweg entlang, dann biegen Sie an der folgenden Kreuzung rechts in die Straße Am See ab. Am Kiosk „Seebüdchen" kann man sich auf Wunsch mit einer Stärkung belohnen.

Sie folgen der Straße Am See weiter geradeaus. Rechts liegen nun eine Kirchengemeinde und das Schulgelände der Gemeinschaftsschule Am See. Bei km 7,34 ist der Ausgangspunkt erreicht und die Rundtour endet wieder an der Straßenecke Masurenallee und Am See.

❷ Mülheim an der Ruhr – zwischen Schloss und Kloster

Tour für Landschaftsgenießer, kulturgeschichtlich Interessierte und Familien

Auf dieser Tour präsentiert sich Mülheim an der Ruhr von seiner landschaftlich schönsten Seite. Der Großteil der familienfreundlichen Rundtour führt durch das ehemalige Gelände der Landesgartenschau, durch Ruhrauen und die Weiten des Saarn-Mendener Naturschutzgebiets. Doch auch kulturell hat der Weg mit dem Schloss Broich, der Stadthalle Mülheim, dem Kloster Saarn und der Camera Obscura einiges zu bieten.

Start/Ziel: Parkplatz des Ringlokschuppens, Am Schloss Broich 38, Mülheim an der Ruhr, GPS N 51°25.657' E 006°52.160'

9,4 km

1 Std. 45 Min.

60 m/60 m

33-52 m

Für die Rundstrecke gibt es keine einheitliche Markierung.

Restaurant Caruso (ca. km 0,6), Café Plati (km 1,1), Franky's im Wasserbahnhof (ca. km 1,7)

zahlreiche Sitzbänke entlang der Tour

Für Kinder gibt es entlang der Ruhr einiges zu entdecken, zudem warten unterwegs zahlreiche Spielplätze. Ein Höhepunkt ist fraglos ein Abstecher zur Camera Obscura.

Die Tour ist durchgehend gut zu befahren. Zwischendurch gilt es lediglich ein paar wenige Stufen zu meistern.

Für Hunde geeignet – allerdings sollten diese in den innenstadtnahen Bereichen des Ruhrufers angeleint werden.

Am Start/Ziel können Autos kostenlos parken.

vom Hauptbahnhof Mülheim an der Ruhr mit der Straßenbahnlinie 901 Richtung Duisburg Scholtenhofstraße oder der Buslinie 122 bis zur Haltestelle Schloss Broich

⌘ Ringlokschuppen

Das ehemalige Bahngebäude des Reichsbahn-Betriebswerks Speldorf entstand um das Jahr 1900 und umfasste 24 Kreissegmente für die Unterstellung von Dampflokomotiven. Der Außenradius des halbrunden Gebäudes beträgt 57,75 m, der Innenkreis 35,50 m. Im Vorfeld der Landesgartenschau im Jahr

1992 wurde das Gebäude umgestaltet und umfunktioniert. Heute ist der Ringlokschuppen eine beliebte Drehscheibe für die freie (Kunst-)Szene. Auf dem Programm stehen Theater, Musik, Tanz, Performance und Lesungen. Zudem fungiert der Ringlokschuppen als Veranstaltungsort der RuhrTriennale, der Mülheimer Stücke und der Impulse.

♦ Ringlokschuppen, Am Schloss Broich 38, 45470 Mülheim an der Ruhr, ☏ 02 08/99 31 60, info@ringlokschuppen.de, www.ringlokschuppen.de

Ringlokschuppen

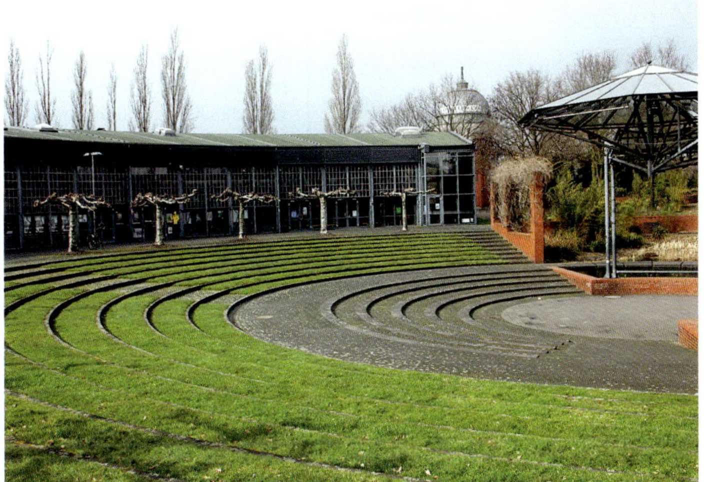

Startpunkt ist der P Parkplatz vor dem ⌘ **Ringlokschuppen**. Sie wandern rechts in den **Darlington-Park** hinein, der nach der Partnerstadt von Mülheim an der Ruhr benannt ist. Ignorieren Sie die erste Wegkreuzung und laufen Sie weiter geradeaus. Wenn sich der Weg vor einem Spielplatz gabelt, gehen Sie nach rechts vorbei am Gebäude der VHS auf ♜ **Schloss Broich** zu.

♜ Schloss Broich

Der Ursprung der Burg unweit der Ruhr geht bis auf das Jahr 883 zurück, als der ostfränkische Herzog Heinrich hier ein befestigtes Militärlager errichtete. Nach einer langen, wechselhaften Geschichte war die Burg schließlich dem Verfall preisgegeben. Im Jahr 1938 übernahm die Stadt Mülheim das historische Gemäuer, doch es sollten noch drei Jahrzehnte ins Land gehen, ehe das Schmuckstück unter der Leitung von Professor Günther Binding aufwendig restauriert wurde. Im Jahr 1975 wurde das „neue" Schloss Broich feierlich wiedereröffnet.

Heute werden Teile des Schlosses für städtische Empfänge und für Ambiente-Trauungen genutzt. Das Hochschloss beherbergt das Historische Museum des Mülheimer Geschichtsvereins (Sa und So 11:00-17:00), das mit Grabungsfunden, Modellen und einem „Luisen-Zimmer" Einblick in mehrere Jahrhunderte Mülheimer Geschichte gibt.

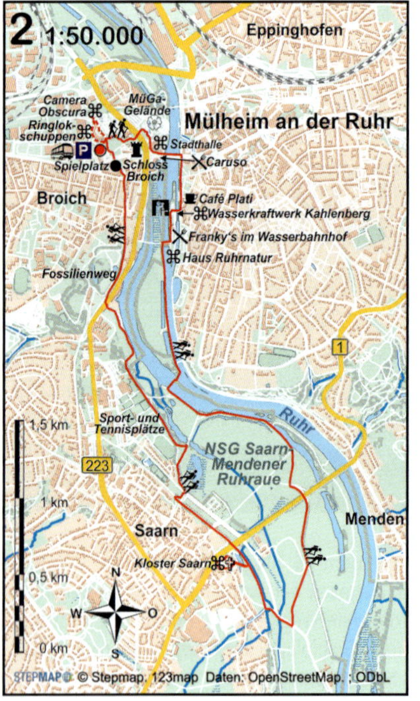

Unmittelbar vor dem Zugang zum Schloss gehen Sie nach links. Sie folgen dem gepflasterten Weg bis zur **Kfar-Saba-Brücke**. Mithilfe der Brücke überqueren Sie die Straße. Rechter Hand liegt die historisch bedeutsame Stadthalle, linker Hand ein P Parkplatz, der auch als Wanderparkplatz genutzt werden kann.

Vor Ihnen erscheint auf der anderen Ruhrseite die Mülheimer Innenstadt mit dem markanten Rathausturm. Die Brücke bringt Sie zum Herzstück der ehemaligen **Landesgartenschau MüGa** direkt am Ufer der Ruhr. Wenn Sie die Brücke überquert haben, halten Sie sich rechts. Sie steigen die 15 Stufen hinunter und gehen dann vor einem Teich abermals rechts. Sie laufen durch das Parktor und passieren den Eingang zur ⌘ **Stadthalle** (Theodor-Heuss-Platz 1, 45479 Mülheim an der Ruhr, www.stadthalle-muelheim.de), der auf der linken Seite liegt. Das Gebäude mit seinen zahlreichen Säulen, Bögen und Rundfenstern entstand in den 1920er-Jahren und brachte Mülheim den Ruf des „Ruhr-Venedigs" ein.

An der Stadthalle halten Sie sich links, um mittels der Schlossbrücke die Ruhr zu überqueren. Noch vor der Brücke befindet sich auf der linken Seite mit dem

✗ **Restaurant Caruso** die erste Einkehrmöglichkeit, die für Sie aber wohl ein wenig zu früh kommt.

✗ Restaurant Caruso, Am Schloss Broich 2-4, 45479 Mülheim an der Ruhr, ☎ 02 08/993 13, 💻 www.imhoff-essen.de, 🚪 Fr ab 18:00, So 11:00-14:30

Am Ende der Brücke halten Sie sich links und steigen die Treppen hinunter. Unten angekommen, bietet sich noch einmal ein schöner Blick auf die Stadthalle am gegenüberliegenden Ufer. Sie gehen links unter der Brücke hindurch und folgen der Uferpromenade entlang der sogenannten Ruhranlage am Ufer der Ruhr. Rechter Hand erscheint eine Ruhrinsel, linker Hand ein Kinderspielplatz. Nach knapp 1,1 km liegt links eine weitere Einkehrmöglichkeit, das ☕ **Café Plati**.

☕ Café Plati, Auf dem Dudel 24, 45468 Mülheim an der Ruhr, ☎ 02 08/319 47, 💻 www.cafeplati.de, 🚪 Mo-Fr ab 10:00, Sa, So und Fei ab 9:00

An der nächsten Möglichkeit biegen Sie rechts ab, hier ist auch der Weg Richtung ⌘ **Haus Ruhrnatur** und **Wasserbahnhof** ausgeschildert. Sie kommen nun auf die Schleuseninsel, gehen über den Parkplatz (bis zum Ende) und wandern dann nach links. Nun passieren Sie den Wasserbahnhof, der auf Ihrer linken Seite liegt. Mit ✗ **Franky's im Wasserbahnhof** ist dann auch die nächste Einkehrmöglichkeit erreicht.

✗ Franky's im Wasserbahnhof, Alte Schleuse 1, 45468 Mülheim an der Ruhr, ☎ 02 08/388 29 63, 💻 www.frankys-wasserbahnhof.de, 🚪 täglich 12:00-24:00

Rechts liegt das ⌘ **Wasserkraftwerk Kahlenberg**. Hier laufen Sie nach rechts, direkt am Wasserkraftwerk entlang über die Staustufe der Ruhr.

☺ Wer hier ca. 80 m geradeaus weitergeht, kommt zum Haus Ruhrnatur.

⌘ Haus Ruhrnatur

Das Haus Ruhrnatur vermittelt die ökologischen Besonderheiten des Ruhrtals. Hier können Interessierte erfahren, wie Flora und Fauna auf Eingriffe des Menschen reagieren, Objekte aus der Natur ertasten und Geräusche aus der Landschaft am Fluss erraten – das Haus Ruhrnatur lädt zum Lernen ein.

♦ Haus Ruhrnatur, Alte Schleuse 3, 45468 Mülheim an der Ruhr, ☎ 02 08/443 33 80, ✉ haus-ruhrnatur@rww.de, 💻 www.haus-ruhrnatur.de, 🚪 Di-So 10:00-18:00, Eintritt: € 3, ermäßigt € 1,50

Vom Wasserkraftwerk bietet sich wieder ein schöner Blick auf die Stadthalle und die Schlossbrücke. Unmittelbar nach dem Kraftwerk gehen Sie dann nach links und folgen dem Ruhrinselweg. Der breite, asphaltierte Weg führt direkt am Ruhrufer entlang. Rechts liegt eine weite Auenlandschaft. Wenn links eine Brücke über die Ruhr abzweigt, setzen Sie Ihren Weg geradeaus fort.

Der Weg knickt schließlich nach rechts ab und führt Sie über die Ruhr. Sie wandern gerade durch die **Saarn-Mendener Ruhraue**, ein 156 ha großes Naturschutzgebiet. Am Fuß der Brücke setzen Sie Ihren Weg geradeaus am Ufer fort. Hier geht es weiter durch das herrlich grüne Landschaftsschutzgebiet. Wenn der Weg sich gabelt, laufen Sie nach links, weiter am Ufer entlang.

Während Sie sich einer weiteren Brücke nähern, passieren Sie linker Hand erneut eine kleine Ruhrinsel. Noch vor der Brücke zweigt rechts ein Weg ab, der als ✎ A8 ausgeschildert ist – diesem folgen Sie nicht, sondern laufen geradeaus weiter. Wenn der Weg sich bei km 3,75 erneut gabelt, wenden Sie sich nach links, um unter der Brücke hindurchzugehen.

Nach der Brücke steigt der Weg kurz an und Sie gehen sofort nach links. Hier ist es auch in Richtung **Mintard** ausgeschildert, das in 3,75 km Entfernung liegt. Sie laufen nun über einen Damm, der zwischen großen Wiesen hindurchführt. Wenn Sie bei km 4,37 auf eine Kreuzung treffen, biegen Sie rechts auf einen geschotterten Weg ab. Direkt vor Ihnen liegt in einiger Distanz die Autobahnbrücke der A52.

Wenn Sie bei km 4,77 auf die Mintarder Straße treffen, biegen Sie rechts ab, auf den Fußweg, der neben der Straße verläuft. Hier ist auch Richtung **Kloster Saarn** ausgeschildert. Die Straße knickt schließlich nach rechts ab und links biegt die Landsberger Straße ab. Bei km 4,91 wechseln Sie die Straßenseite, um dann nach links zu gehen und dem Verlauf der Straße zu folgen. Es geht also nicht weiter geradeaus Richtung Düsseldorf und Essen.

Unmittelbar vor einem Parkplatz führt Ihr Weg Sie dann rechts in einen Park hinein. Vor Ihnen erscheinen bereits die Turmspitzen von ⌘ ✞ **Kloster Saarn**. Sie folgen dem rechten Weg, dem Saarner Damm. Entlang einer großen Wiese nähern Sie sich dem Kloster, das auf der linken Seite liegt. Bei km 5,31 biegen Sie links ab, um zum Kloster zu gelangen. Vorbei an einem Teich geht es leicht bergan auf das Klostergelände.

⌘ ✞ Museum Kloster Saarn

Vor über 800 Jahren wurde in Mülheim das Kloster Saarn als Frauenkonvent des Zisterzienserordens gegründet. Nach umfangreichen Restaurierungsmaßnahmen und archäologischen Ausgrabungen ist das Kloster heute ein malerisches Kleinod und präsentiert im Klostermuseum die erstaunlichsten Fundstücke.

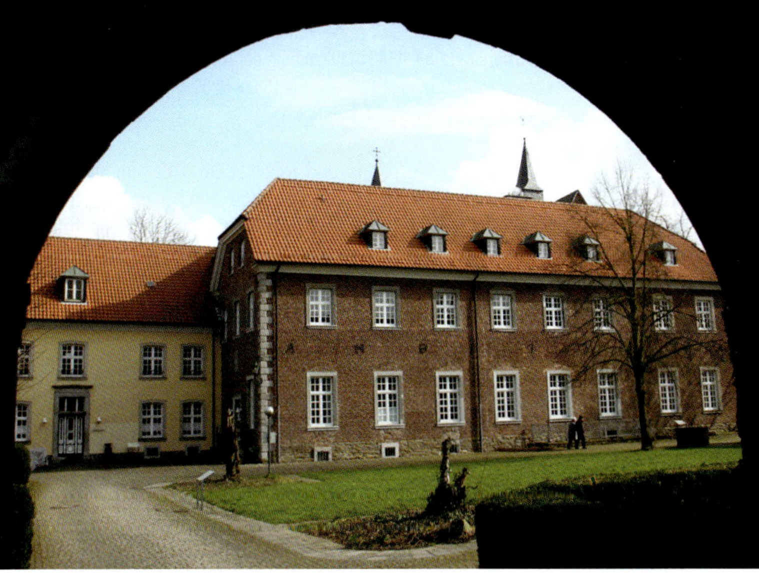

Kloster Saarn

Das Kloster besticht noch heute durch ein liebliches Ensemble historischer Gebäude. Diese umrahmen den Klostergarten, dessen Zentrum der Kräutergarten bildet. Ein solcher war ein wichtiger Teil mittelalterlicher Klöster. Hier zog und zieht man Schöllkraut heran, das gegen Warzen eingesetzt wird und wurde, daneben Koriander, der bei Magen-Darm-Beschwerden Linderung verschaffen kann, und Melisse zur Beruhigung des Nervenkostüms. Infoblätter und Seminare vermitteln, wie man Löwenzahngelee, Brennnesselgemüse oder Wildkräutergerichte zubereitet.

Im Keller des Hauptgebäudes ist das Klostermuseum untergebracht. Durch die Gestaltung des Ausstellungsraums und die Anordnung zu einem Rundgang sollen Besucher ein Verständnis für die Aufgaben in einem Kloster in den verschiedenen Jahrhunderten erhalten. „Ora et labora" – „Bete und arbeite" war angesagt!

Das Kloster war zwar ein spiritueller Ort, aber eben auch ein großer Wirtschaftsbetrieb mit Viehwirtschaft, Landwirtschaft, Brauerei, Bäckerei, Schuster- und Schreibwerkstatt, aber auch Mühle, Perlendreherei und – durch die Kräuterzucht – auch einer Art Apotheke. Im Museumsshop kann man kuriose Mitbringsel wie Tinte aus Naturstoffen erwerben, das Museumscafé hält himmlisches Backwerk vor.

♦ Kloster Saarn, Klosterstraße 53, 45481 Mülheim an der Ruhr, ☏ 02 08/468 98 96, www.museum-kloster-saarn.de, Mi und Sa 15:00-18:00, So 12:00-16:00, Eintritt: Erwachsene € 2,50, Kinder bis 14 Jahren € 1

Vor der Klosterwand gehen Sie rechts und folgen dem Weg um das Haus herum, der Sie zum Klostergarten bringt. Sie schreiten durch das Hauptportal hindurch und halten sich links. Folgen Sie der Klosterstraße, die dann nach links abbiegt. Zwischen Kirche und Haus Nummer 57 laufen Sie hindurch, um wieder links um die Kirche herumzugehen.

Wenn Sie auf der Rückseite der Kirche auf den Weg getroffen sind, den Sie hinaufgekommen sind, biegen Sie wieder rechts ab und gehen in Richtung der Teiche. Sie biegen dann nicht an der ersten, sondern an der zweiten Möglichkeit links ab, das ist hinter dem Teich. Sie folgen dem breiten, geschotterten Weg mit dem Kloster zur Linken. Eine Brücke bringt Sie über eine viel befahrene Straße und Sie gehen weiter geradeaus.

Vorbei an einigen Schrebergärten, die auf der rechten Seite liegen, folgen Sie dem Saarner Damm. Mithilfe einer Holzbrücke überqueren Sie erneut eine Straße. Nach einer Reihe von weiteren Schrebergärten geht es über eine zweite Holzbrücke hinüber, danach halten Sie sich rechts. Hier ist auch Mülheim Zentrum, das in 2,8 km Entfernung liegt, ausgeschildert. Sie gehen ein Stück an der Kahlenbergstraße entlang. Wenn rechts die Mintarder Straße abbiegt und links ein Parkplatz liegt, gehen Sie weiter geradeaus. Sie biegen dann direkt hinter dem Parkplatz links auf den Fuß- und Radweg ab.

Wenn der Weg sich gabelt, halten Sie sich rechts auf den Saarner Auenweg. Vor Ihnen erscheint die Silhouette des **Bismarckturms**. An der nächsten Möglichkeit biegen Sie links ab. Hier ist es auch in Richtung Aquarius in 4,9 km ausgeschildert. An der nun folgenden Gabelung geht es rechtsherum weiter. Auf der linken Seite ist nun eine Reihe von Fußballplätzen zu sehen. An der nächsten Gabelung setzen Sie Ihren Weg weiter geradeaus fort.

Nun folgen ein paar weitere Fußball- sowie Tennisplätze auf der linken Seite. Auf der rechten Seite liegt weiter das Saarn-Mendener Naturschutzgebiet. An der nächsten Möglichkeit, bei km 7,75, biegen Sie rechts ab. Direkt vor Ihnen liegt ein Hunde-Trainingsgelände und während Sie den Weg hinuntergehen, nähern Sie sich wieder der Ruhr. Es geht nun wieder ein Stück unmittelbar am Ufer des Flusses entlang. Sie entfernen sich schließlich wieder von der Ruhr, nehmen, wenn rechts ein Weg abzweigt, den linken und gehen leicht bergan.

Mithilfe einer Brücke überqueren Sie die Straße Kassenberg. Oberhalb der Straße geht es auf einem geschotterten Fußweg weiter. Dieser Weg ist auch als Fossilienweg ausgeschildert. Sie folgen ihm geradeaus Richtung Schloss Broich.

Rechter Hand taucht ein wenig ansehnliches Hochhaus auf und es geht weiter geradeaus unter einer Brücke hindurch. Wenn Sie an eine Wegkreuzung treffen, wo ein mächtiger Stein in der Mitte steht, gehen Sie geradeaus auf den Spielplatz zu. Auf dem Spielplatz nehmen Sie den linken der beiden Wege. Dieser führt Sie zu einer Brücke, auf der Sie die Straße überqueren. Rechter Hand fällt das Schloss Broich in den Blick.

Nach der Brücke ist wieder der Darlington-Park erreicht. An der nächsten T-Kreuzung gehen Sie dann nach links. Der Weg führt Sie nun wieder auf den Ringlokschuppen zu, dahinter kann man die **Camera Obscura** sehen. Linker Hand findet sich ein kleines Stück der **Berliner Mauer**. Direkt nach dem Holzhaus biegen Sie vor dem Ringlokschuppen links ab und sind nach 9,4 km wieder am Ausgangspunkt Ihrer Rundtour angelangt.

↳ Von hier bietet sich noch ein kurzer Abstecher zur ⌘ **Camera Obscura** an. Hierzu biegen Sie am **P** Parkplatz links ab und gehen den Parkplatz entlang. Sie folgen der Rückseite des Ringlokschuppens rechtsherum. ✋ Achtung, hier verkehren auch einige wenige Autos. Bei km 9,63 ist dann der Eingang zur Camera Obscura erreicht.

⌘ Camera Obscura

Der großen Pflanzenpracht sei Dank – auch wenn die Bäume, Büsche, Sträucher und Blumen wohl nicht direkt einen Anteil haben. Aber wäre Mülheim an der Ruhr nicht 1992 Gastgeber der Landesgartenschau, der MüGa, gewesen, wäre der 1904 errichtete Broicher Wasserturm vielleicht nicht so aufwendig restauriert worden. Heute beherbergt das 38 m hohe Backsteingemäuer mit der markanten runden Kuppel die größte begehbare Camera Obscura der Welt. Mittels einer speziellen Spiegeloptik wird hier das 360-Grad-Panorama der Stadt auf einem Projektionstisch gestochen scharf abgebildet.

Wo früher Dampflokomotiven des Reichsbahn-Ausbesserungswerks Speldorf mit Wasser versorgt wurden, dreht sich heute alles um die Welt der Bilder. Neben der famosen Camera Obscura beherbergt der alte Wasserturm auf drei Ebenen das Museum zur Vorgeschichte des Films. Die Ausstellung der Sammlung „S" des Wuppertalers KH. W. Steckelings, die in Auszügen im Museum zur Vorgeschichte des Films zu sehen ist, lädt zu einer faszinierenden Reise durch die Welt der visuellen Wahrnehmung, optischen Täuschung und physikalischen Hintergründe bewegter Bilder ein.

Insgesamt 1.139 Exponate umfasst die einzigartige Sammlung. Sie dokumentiert lückenlos, wie die Bilder laufen lernten. Viele für die heutige Zeit verblüffende Apparaturen lassen erahnen, mit welchem enormen technischen Aufwand

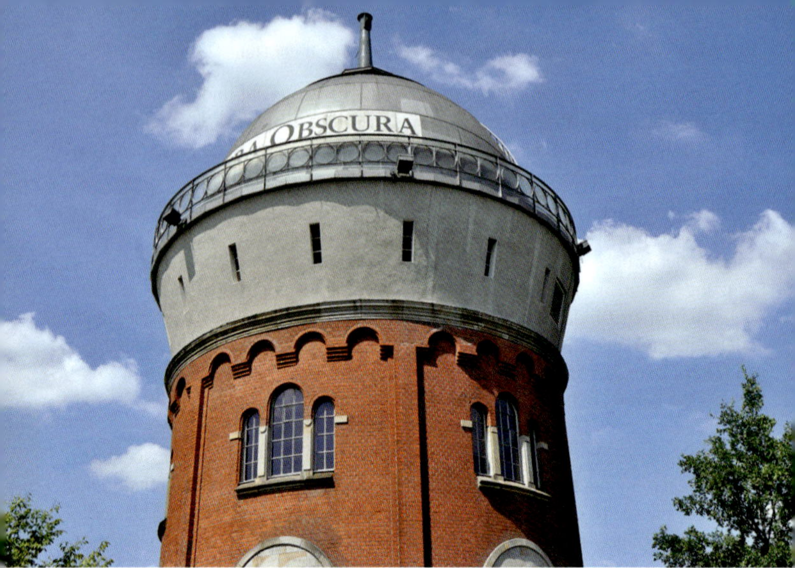

Camera Obscura

unsere Vorfahren in früheren Zeiten versucht haben, Bewegung in Bilder zu bringen. Schattenspiele, Faltperspektiven, Transparenzen, Laternae Magicae, Kaleidoskope, Anamorphosen, Thaumatrope, Zoetrope, Phenakistiskope, Guckkästen und viele andere Schätze bilden den Kernbestand der Sammlung.

♦ Camera Obscura, Am Schloss Broich 42, 45479 Mülheim an der Ruhr, ☏ 02 08/302 26 05, 💻 www.camera-obscura-muelheim.de, 🚪 Mi-So 10:00-18:00, in den Wintermonaten bis 16:00, Eintritt: Erwachsene € 4,50, Kinder € 3,50

Vom Eingang der Camera Obscura aus halten Sie sich rechts und gehen wieder durch den Darlington-Park hindurch. Der Weg führt Sie nun direkt am Ringlokschuppen entlang. Sie gehen geradeaus durch das kleine Amphitheater des Ringlokschuppens hindurch und auf die grüne Hütte zu. Unmittelbar davor biegen Sie rechts ab, um wieder auf den **P** Parkplatz zu gelangen. Nach diesem kleinen Abstecher sind Sie wieder am Ausgangspunkt Ihrer Rundtour.

③ Oberhausen – Kanale Grande ganz entspannt

Tour für Landschaftsgenießer, kulturgeschichtlich Interessierte und Familien

Eine schöne, familienfreundliche Rundtour mit gleich mehreren Höhepunkten unterwegs. Die malerische Burg Vondern mitsamt Burggraben und Innenhof lädt zu einer Gedankenreise in die Zeit der Ritter ein, am Kanal hupen einem Lastkähne zu, wenn man fröhlich winkt, und zaubern ein wenig Duft der fremden, fernen Welt herbei. Die „Slinky springs to Fame"-Brücke macht Groß und Klein Spaß, wenn sie beim Überqueren leicht wackelt. Dann wartet mit dem Kaisergarten ein kostenfreier, netter kleiner Tiergarten und schließlich geht es durch den Ripshorster Gehölzgarten mit seinen ungewöhnlichen Bepflanzungen zurück zum Ausgangspunkt.

Start/Ziel: Parkplatz am Emscher Landschaftspark, Haus Ripshorst, Ripshorster Straße 306, Oberhausen, GPS N 51°26.531' E 006°54.014'

9,7 km

2 Std. 15 Min.

65 m/65 m

25-41 m

Für die Rundstrecke gibt es keine einheitliche Markierung.

L'italiano Ristorante im Bootshaus (ca. km 4,5), Biergarten am Kaisergarten (ca. km 5,5)

zahlreiche Sitzbänke entlang der Tour

WC öffentliche Toilette nahe dem Kaisergarten

Aquapark (ca. km 8)

Die Wanderung ist mit einer schmucken Burg, einer verrückten Brücke, einem Tiergehege, verschiedenen Spielplätzen, einem Verkehrsübungsplatz für Mini-Autos sowie einem Klettergarten entlang des Weges perfekt für Kinder.

Leicht mit dem Buggy zu bewältigen – nur ein paar wenige Stufen gilt es unterwegs zu meistern.

Der Weg ist für Hunde geeignet.

P Ein kostenfreier Parkplatz findet sich am Start/Ziel.

Vom Hauptbahnhof Oberhausen fährt die Buslinie 957 Richtung Oberhausen Kiebitzstraße. Von der Haltestelle Haus Ripshorst sind es etwa fünf Gehminuten.

Startpunkt ist der P Parkplatz am Haus Ripshorst. Vor dem Holzhaus des **Bienenzuchtvereins Oberhausen** biegen Sie links auf den geschotterten Weg ab. Wenn sich der Weg gabelt, gehen Sie auf ⌘ **Haus Ripshorst** zu. Zwischen dem Backstein- und dem Holzhaus biegen Sie dann links ab. Hier liegt auch das Informationszentrum Emscher Landschaftspark, wo man Erfrischungen zu sich nehmen kann.

⌘ Haus Ripshorst

In den Gebäuden des ehemaligen Bauernhofes Haus Ripshorst ist seit 1999 das Informationszentrum für den Emscher Landschaftspark untergebracht. In einer Ausstellung präsentiert sich dem Besucher die Vielschichtigkeit des Emscher Landschaftsparks mit seiner eigenwilligen Industrienatur, den gigantischen Landmarken und vielen neuen Parks.

In unmittelbarer Nachbarschaft dokumentiert ein 2 km langes Gehölzband anschaulich die Schönheit und Vielfalt der Bäume und Sträucher von der Vorzeit bis zu den heutigen Kulturpflanzen. Weite Wiesen laden zur Rast oder zum Spielen ein. Für Touren durch den Landschaftspark können vor Ort Fahrräder ausgeliehen werden.

♦ Haus Ripshorst, Ripshorster Straße 306, 46117 Oberhausen, ☏ 02 08/883 34 83,
💻 www.metropoleruhr.de/freizeit-sport/emscher-landschaftspark/haus-ripshorst.html,
🚪 März-Okt Di-So und Fei 10:00-18:00, Nov-Feb 10:00-17:00, Eintritt frei

Linker Hand kommt ein ungewöhnlicher Strommast in den Blick – der ⌘ **Zauberlehrling** ist eine 35 m hohe, gebogene Stahlskulptur und sieht aus, als würde er tanzen. Im Hintergrund ist das imposante ⌘ **Gasometer von Oberhausen** zu erkennen. Nun geht es auf die geschwungene Ripshorster Brücke zu, mit deren Hilfe Sie den Rhein-Herne-Kanal überqueren. Von der Brücke aus kann man herrlich noch einmal den Strommast und das Gasometer als Fotomotiv einfangen.

Auf der anderen Brückenseite angekommen machen Sie einen kleinen Abstecher zur Burg Vondern, die 800 m entfernt liegt. Das Areal hier am Ufer ist Teil des ❀ **Emscher Landschaftsparks**. Der geschotterte Weg Richtung Burg führt Sie nun auch über die Emscher hinüber. An der Brücke steht links eine Stahlskulptur, vor Ihnen erscheint auch die Autobahn A42 im Blickfeld.

Nach ca. 840 m ist der sogenannte **Brachenthron** auf einem kleinen Hügel erreicht. Hier können Kinder und jung gebliebene Erwachsene hochklettern und sich wie ein Herrscher fühlen.

Der Weg führt nun mithilfe eines Tunnels unter der Autobahn A42 hindurch. Die Wände des Tunnels sind mit kunstvollen Graffitis verziert. An seinem Ende, bevor Sie auf die Arminstraße treffen, biegen Sie rechts ab. Auf dem Boden ist auch ein dicker blauer Strich zu finden, der den Weg zur Burg Vondern weist. Auf der Schallschutzmauer der Autobahn sind ein Dutzend Mosaike angebracht, die ebenfalls die Blicke auf sich ziehen.

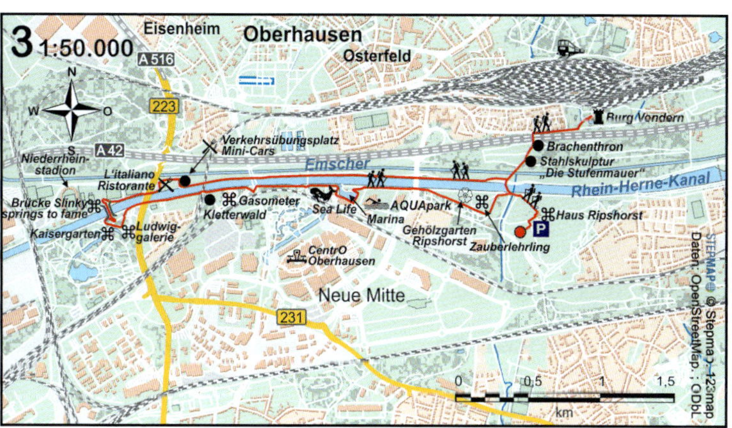

An der Arminstraße befindet sich eine Reihe von Werkshäusern und ein markanter Hingucker ist die (einstige) Verkaufsanstalt der **Gute-Hoffnungs-Hütte**. Bei km 1,35 überqueren Sie die Straße und biegen links in den Weg ab, der direkt auf ⌘ **Burg Vondern** zuführt. Im Innenhof befindet sich eine ungewöhnliche Skulptur, die einen Ritter darstellt, den sogenannten Grünen Ritter. Gestört wird die Idylle an der malerischen Burg, die von einer schönen Grünanlage umgeben ist, nur durch den Lärm, der von der Autobahn herüberdringt.

♜ Burg Vondern

Weite Teile der Geschichte der Burg liegen im Dunkeln, über das genaue Alter lässt sich nur spekulieren. Fest steht, dass hier seit dem 13. Jahrhundert ein Rittersitz war. Das Torgebäude und die südliche Wehrmauer entstanden vermutlich im 16., das Haupthaus im 17. Jahrhundert. Ursprünglich war die Burg von einem Wassergraben umgeben, der nur noch in Teilen zu erkennen ist.

Lange war Burg Vondern dem Dornröschenschlaf verfallen, ehe sie in den 1990er-Jahren wieder instand gesetzt wurde. Burgführungen sind nach telefonischer Vereinbarung bzw. nach Anfrage per Mail möglich. Der Burghof ist frei zugänglich.

♦ Förderkreis Burg Vondern e.V., Arminstraße 65, 46117 Oberhausen,
☏ 02 08/89 62 97, 💻 www.burg-vondern.de

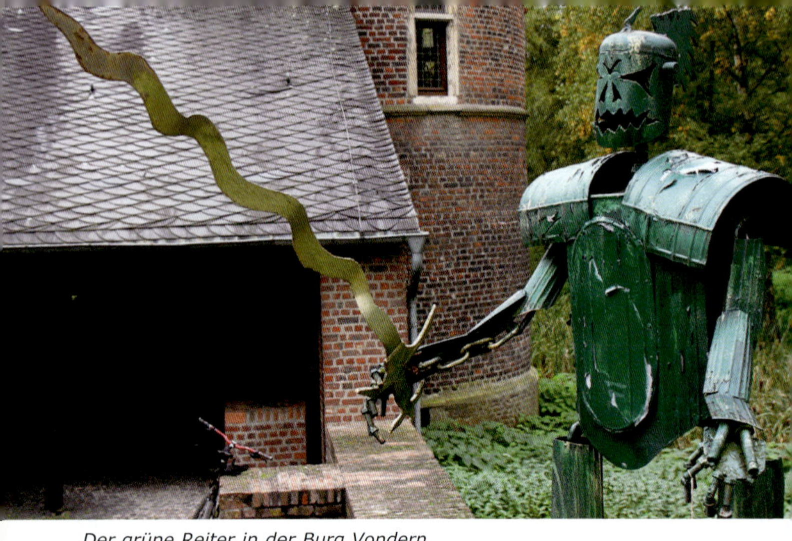

Der grüne Reiter in der Burg Vondern

Nach Besichtigung der Burg gehen Sie wieder den gleichen Weg zurück, das heißt, Sie überqueren die Straße, biegen rechts ab und folgen der Arminstraße bis zum Tunnel und durch diesen hindurch. Unmittelbar bevor Sie wieder auf die Emscher treffen, findet sich links ⌘ „**Die Stufenmauer**", eine Skulptur mit zwei senkrechten Betonwänden, durch die man eine schöne Blickachse hat.

Nachdem Sie die Emscher bei km 2,49 überquert haben, biegen Sie kurz vor der Schwingbrücke rechts ab und laufen am Ufer des **Rhein-Herne-Kanals** Richtung Gasometer. Hier ist es auch Richtung „Garten Osterfeld" und „Centro Oberhausen" ausgeschildert (beides jeweils in 2,2 km Entfernung). Der Weg führt Sie schnurstrack geradeaus am Kanal entlang unter der Ostfelder Straßenbrücke hindurch (bei Flusskilometer 10,76).

Während Sie sich dem Gasometer nähern, passieren Sie den **Aquapark** mit den markanten Rutschen und das **Sea-Life-Gebäude** (auf der anderen Seite des Kanals). Der Weg führt Sie weiter am Wasser entlang unter einer Reihe von Brücken hindurch. Nach der Tausendfüßlerbrücke gehen Sie unter der DB-Brücke hindurch, danach kommen die Fachwerkbrücke und die Eisenbahnbrücke 310. Sofort sind Sie auf gleicher Höhe mit dem Gasometer. Nach dem Gasometer geht es unter der DB 318 hindurch, einer weiteren Eisenbahnbrücke.

Rechter Hand erkennen Sie durch die Bäume hindurch einen Verkehrsübungsplatz für Kinder. Hier findet sich am sogenannten ⌘ **Kulturkanal** (💻 www.kulturkanal.ruhr) die vierte von insgesamt 15 großen Tafeln mit dem Schriftzug

„Umschlag mit Aufschrift strahlende Morgensonne". Dies ist eine schlichte weiße Tafel, sehr groß, mit schwarzer Schrift, auf stählernen Betonpfeilern.

Die geschotterte Piste führt Sie nun in einem Bogen ein wenig vom Kanal weg. Sie passieren den Eingang zum **Verkehrsübungsplatz Mini-Cars**, wo auch die Möglichkeit besteht, ✕ sich mit Getränken oder Eis zu erfrischen. Wandern Sie ein Stück an der Zubringerstraße zum Verkehrsübungsplatz entlang. Hier liegt auch das Gelände des Rudervereins Oberhausen. Nach dem rosafarbenen Clubhaus biegen Sie links ab und gehen über den Parkplatz des Rudervereins. Links liegt das ✕ **L'italiano Ristorante im Bootshaus.**

✕ L'italiano Ristorante, Konrad-Adenauer-Allee 75, 46049 Oberhausen, ☏ 02 08/81 06 81 70, ✉ info@bootshaus-ob.de, 💻 http://bootshaus-ob.de, 🚪 Mo-Sa 12:00-14:30 und 17:30-23:00, So 10:00-22:00

Sie haben den Uferweg bald darauf wieder erreicht. Es geht unter der **Sterkrader-Straße-Brücke** hindurch. Vor Ihnen erscheint direkt eine weitere Brücke – sie sieht spektakulär aus und irgendwie wie ein geschwungenes Lasso – die ⌘ **Brücke Slinky springs to fame**. Auf der rechten Seite passieren Sie eine Reihe von Rasensportplätzen, während Sie auf das ungewöhnliche Konstrukt zugehen. Rechter Hand zweigt der wie ein Tunneleingang anmutende Aufgang ab, den Sie dann auch gleich nutzen.

⌘ Slinky springs to fame

Die ungewöhnliche Verbindungsachse über den Rhein-Herne-Kanal zwischen der Emscherinsel und dem Kaisergarten wurde im Jahr 2011 offiziell ihrer Bestimmung übergeben. Die begehbare Brückenskulptur wurde nach Plänen des Frankfurter Künstlers **Tobias Rehberger** errichtet und wird im Volksmund schlicht Rehberger-Brücke genannt.

Das 106 m lange Brückenbauwerk verfügt über eine Zugangsrampe auf jeder Seite und wird von 496 Spiralen umhüllt, die das Kunstwerk insgesamt wie eine gigantische Spirale wirken lassen. Der spektakuläre Brückenschlag kostete rund fünf Millionen Euro.

♦ Slinky springs to Fame, Konrad-Adenauer-Allee 46, 46049 Oberhausen, 🚪 rund um die Uhr frei zugänglich

Die Brücke ist mit einem extrem weichen Belag ausgelegt, der in verschiedenfarbige Felder unterteilt ist. In einem geschwungenen Bogen geht es nun hinauf und über den Rhein-Herne-Kanal hinüber. Das Geländer ist immer mal wieder mit Liebesschlössern verziert. Über die Brücke geht es im wahrsten Sinne des Wortes

„beschwingt", denn sie bewegt sich bei jedem Schritt mit. Auf der gegenüberliegenden Seite ist der ⌘ **Kaisergarten Oberhausen** erreicht. Ein großes Spielareal und ein kostenloser Tierpark laden zum Verweilen ein. Während Sie die Brücke hinabsteigen, fällt auf der rechten Seite das Oberhausener **Niederrheinstadion** in den Blick. Dies ist die Heimspielstätte des ehemaligen Bundesligisten Rot-Weiß Oberhausen, der nun in der vierten Liga am Ball ist.

Tiergehege im Kaisergarten

In der dicht besiedelten Zoolandschaft des Ruhrgebiets hat das kleine Oberhausener Tiergehege im Park des Schlosses und entlang des Rhein-Herne-Kanals mit großer Konkurrenz zu kämpfen, aber es hat den großen Zoos eines voraus: Der Eintritt ist frei und dennoch hat es einiges zu bieten.

Wer keine Exoten braucht, um einen tollen Tag mit faszinierenden Tieren zu erleben, der ist im Kaisergarten gut versorgt. Hier leben überwiegend einheimische Tiere: Waschbären, Rehe, Hirsche, Ziegen, Schafe, Pfauen und Wölfe, aber auch Schweine, Esel, Ponys und Hühner. Viele der Tiere sind sehr zutraulich und lassen sich gerne mit dem im Park gekauften Wildfutter füttern. Einige lassen sich sogar streicheln.

♦ Tiergehege im Kaisergarten, Am Kaisergarten 30, 46042 Oberhausen, ☏ 02 08/377 06 12, 💻 www.tiergehege-kaisergarten.de, täglich ab 9:00, in der warmen Jahreszeit bis 19:00, sonst bis 17:00, Eintritt frei

Wenn Sie den Weg von der Brücke hinunterkommen, laufen Sie direkt auf die ⌘ **Ludwiggalerie** zu. Direkt nebenan liegt die ✕ **Schlossgastronomie Kaisergarten** mit einem schönen Biergarten. Wer es etwas preiswerter möchte, der findet nebenan einen Selbstbedienungskiosk. Auf der Rückseite des Kiosks befinden sich auch kostenfreie Toiletten.

⌘ Ludwiggalerie

1983 wurde die Ludwiggalerie Schloss Oberhausen ins Leben gerufen und gilt seit ihrer Neukonzeption im Jahr 1998 als eines der international renommierten Ausstellungshäuser im Ruhrgebiet. Den Grundstock der Sammlung bilden Kunstwerke des Sammlerehepaars Peter und Irene Ludwig von der Antike bis zur Gegenwart. Außerdem werden immer wieder thematische Sonderausstellungen präsentiert. Die Landmarkengalerie setzt sich vordringlich mit dem Thema Strukturwandel in all seinen Facetten auseinander.

♦ Ludwiggalerie Schloss Oberhausen, Konrad-Adenauer-Allee 46, 46049 Oberhausen, ☏ 02 08/412 49 28, ✉ ludwiggalerie@oberhausen.de, 💻 www.ludwiggalerie.de, Di-So 11:00-18:00, Eintritt: € 8, ermäßigt € 4

Sie halten sich links, um parallel zum Hinweg, allerdings dieses Mal am anderen Ufer, zurückzugehen. Der Wendepunkt ist etwa bei km 6 erreicht. Sie passieren einen Spielplatz, der auf der linken Seite liegt, und sind dann wieder auf dem Uferweg. Wenn der Weg sich gabelt, gehen Sie links herunter, um weiter am Ufer entlangzulaufen.

Wenn Sie die DB-Brücke 318 erreicht haben, liegt rechts der **Kletterwald Tree to tree** (💻 www.tree2tree.de). Auf der anderen Kanalseite fällt ein alter Förderturm in den Blick. Sie wandern weiter geradeaus am Kanalufer entlang. Wenn Sie beim ⌘ **Gasometer** auf die nächsten drei übereinander vertäuten Brücken treffen, biegen Sie links ab, gehen die Treppen hinunter und dann weiter am Kanalufer entlang.

⌘ Gasometer Oberhausen

Der direkt am Ufer des Rhein-Herne-Kanals gelegene Industriegigant wurde zwischen 1927 und 1929 als Scheibengasbehälter errichtet. Mit einem Speichervolumen von 347.000 m³, einer Höhe von 117 m und einem Durchmesser von 68 m ist er europaweit der größte Gasbehälter seiner Art. Bis 1988 wurde hier industriell Gas eingelagert.

Blick vom Gasometer

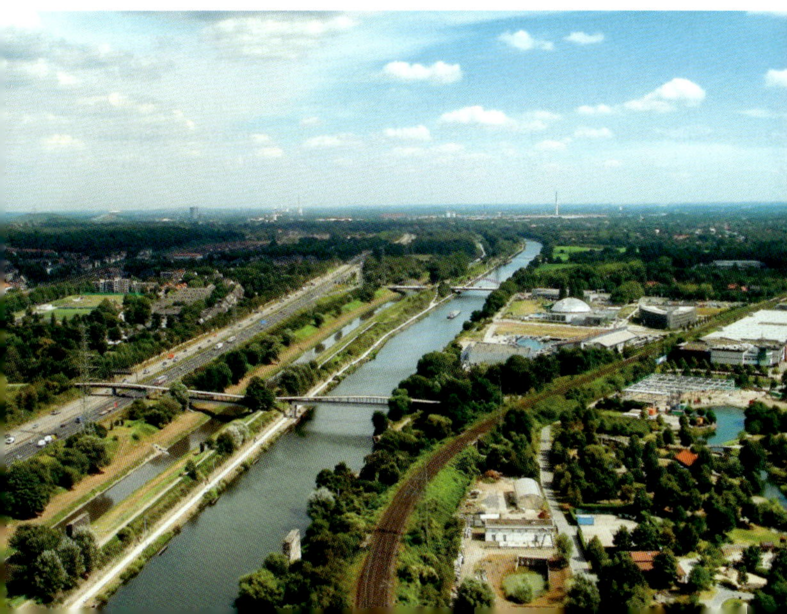

1993/94 wurde der Gasometer Oberhausen im Rahmen der IBA Emscher Park für rund acht Millionen Euro zu Europas höchster Ausstellungshalle umgebaut. Heute besticht es mit einem breit gefächerten Wechselprogramm. Vom Dach des Kolosses bieten sich herrliche Panoramablicke auf Oberhausen und das Ruhrgebiet.

♦ Gasometer Oberhausen, Arenastraße 11, 46047 Oberhausen, ☏ 02 08/850 37 30, info@gasometer.de. www.gasometer.de

Nach den drei Brücken geht es ein paar Treppen hinauf. Nach den ersten zehn Stufen biegen Sie links ab. Zwar steht hier ein Schild, dass der Weg verboten sei, er ist allerdings ein offizieller Wanderweg, nicht irritieren lassen.

Sie passieren zwei ehemalige Brückenpfeiler, von denen der gegenüberliegende mit einer Sonnenblume berankt ist. Entlang des Uferweges finden sich zahlreiche Bänke, die dazu einladen, sich auszuruhen. Sie laufen wieder auf die **Tausendfüßlerbrücke** zu – von hier aus erschließt sich auch ihr Name, denn sie führt über die Autobahn weiter. Bei km 7,78 treffen Sie auf die Einfahrt der **Marina Oberhausen**.

☺ Wer möchte, kann hier die Treppen hinaufgehen und zum wenige Hundert Meter entfernt liegenden Einkaufsparadies des **CentrO Oberhausen** (www.centro.de) mitsamt seinem Food Court gehen.

Sie folgen dem Weg um das Hafenbecken herum. Wenn rechts der **AQUApark Oberhausen** liegt, biegen Sie links wieder auf den Uferweg ab und gehen weiter am Ufer des Kanals entlang. Der **Gehölzgarten Ripshorst** ist bei km 8,59 erreicht. Unter anderen sind hier sogleich Ginkgobäume zu sehen.

Gehölzgarten Ripshorst

Wenn man mithilfe von Bäumen eine Zeitreise unternehmen möchte, dann hat man im Gehölzgarten Ripshorst hierzu die fast einmalige Gelegenheit. Man durchschreitet zunächst einen Urwald, dann gelangt man in den Kulturwald. Rund 6.000 Gehölze sind auf einer Fläche von ca. 40 ha zu bewundern.

Wer dem 2 km langen und rund 60 m breiten Gehölzband folgt, der startet in den Wäldern der Voreiszeit mit Ginkgobäumen und bewegt sich weiter zu Pioniergehölz wie Pappel, Birke und Weide. Langsam entsteht der Mischwald mit bekannten Bäumen wie Buche, Eiche und Linde. Schließlich gelangt man zu den sogenannten Kulturhölzern, die durch Kreuzung entstanden sind. Neben den bekannteren Vertretern dieser Art wie Walnuss und Edelkastanie finden sich auch seltenere Exemplare wie Quitte und Maulbeere.

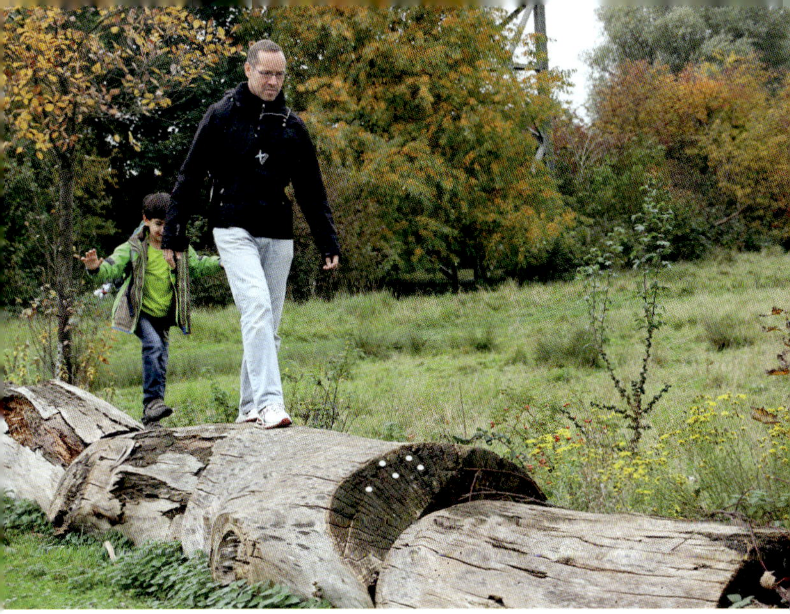

Gehölzgarten Ripshorst

Nicht nur für Pflanzenfreunde ist der Gehölzgarten ein schöner Ort voller Ruhe und Entdeckungsmöglichkeiten.

♦ Gehölzgarten Ripshorst, Ripshorster Straße 306, 46117 Oberhausen, ☏ 02 08/883 34 83, 💻 www.kulturkanal.ruhr/gehoelzgarten-ripshorst

Nach der Brücke nehmen Sie den zweiten Abzweig und gehen nicht weiter am Ufer des Kanals entlang. Der Abzweig führt Sie direkt durch den Gehölzgarten hindurch.

Nachdem Sie die Skulptur **Zauberlehrling** passiert haben und wieder auf den Weg getroffen sind, gehen Sie links Richtung Kanalufer. Wenn der Weg sich gabelt, halten Sie sich rechts. Sie laufen wieder auf die geschwungene Brücke zu, über die Sie ganz zu Beginn der Wanderung gewandert sind. Am Fuße der **Ripshorster Brücke** nehmen Sie den zweiten Weg, der rechts abzweigt, und gehen wieder auf das Haus Ripshorst zu.

Dann ist das Gelände des Hauses erreicht, Sie gehen zwischen beiden Gebäuden hindurch nach rechts und laufen auf den **P** Parkplatz, den Ausgangspunkt der Tour, zu. Wer noch etwas lustwandeln möchte, der kann das hier in dem schönen Bauerngärtchen tun.

4 Xanten – Südsee und Römerflair

Tour für kulturgeschichtlich Interessierte und Familien

Diese familienfreundliche Rundwanderung ist gut mit einem Ausflug auf dem Fahrgastschiff Seestern sowie dem Besuch des Archäologischen Parks Xanten (APX) zu kombinieren. Im Sommer sollte man auch die Badehose nicht vergessen, denn die Strände der Südsee laden zu einem Sprung ins kühle Nass ein. Der Weg ist sowohl für Kinderwagen als auch für Rollstühle geeignet.

- Start/Ziel: Parkplatz am Xantener Hafen, Ecke Salmsstraße/Varusring, Xanten, GPS N 51°40.153' E 006°27.272'
- 8,7 km
- 1 Std. 55 Min.
- 18 m/18 m
- 14-21 m
- Für die Rundstrecke gibt es keine einheitliche Markierung.
- Plaza del Mar (ca. km 0,3)
- zahlreiche Sitzbänke entlang der Tour
- WC öffentliche Toiletten an der Plaza del Mar (km 0,2) und an der Wasserskistation (ca. km 3,9)
- Strandbad Xantener Südsee (km 4)
- Rund um den See warten zahlreiche Aktivitäten vom Freibad und Kletterpark über Minigolf bis hin zu einem Barfußpark auf die Kinder und im APX lässt sich römische Geschichte hautnah erleben. Sogar römische Spiele können hier ausprobiert werden.
- Alles flach, alles einfach – der Weg ist perfekt für die Buggy-Tour.
- Rund um den See haben Hunde jede Menge Raum zum Toben.
- P Ein kostenfreier Parkplatz findet sich am Start/Ziel. Der Parkplatz an der Südsee und der am Archäologischen Park sind ebenfalls gebührenfrei.
- Vom Bahnhof Xanten geht es mit der Buslinie SL 42 (Richtung Xanten Brigittenstraße) oder der Buslinie SL 40 (Richtung Xanten Lüttingen Schule Wende) bis zur Haltestelle Archäologischer Park. Von dort sind es noch ca. 10 Gehminuten.

Startpunkt für die Wanderung ist der P Parkplatz am Xantener Hafen. Gegenüber ist auch gleich der Archäologische Park Xanten zu sehen. Direkt am Parkplatz liegt ein Kinderspielplatz, der am Ufer der Südsee zum Klettern einlädt.

Sie laufen vom Parkplatz aus in Richtung des ✗ **Plaza del Mar**, einer Einkehrmöglichkeit.

✗ Plaza del Mar, Salmsstraße 30, 46509 Xanten, ☎ 028 01/982 08 15,
💻 f-z-x.de/gastronomie/plaza-del-mar, 🚪 täglich ab 10:00, So und Fei ab 9:00

Am Ufer ist auch die Anlegestelle für das Fahrgastschiff Seestern (☞ unten). Im kleinen Hafen dümpeln zahlreiche Segelboote vor sich hin. An der Plaza del Mar gibt es auch einen Bootsverleih und die Außenterrasse sowie der lichtdurchflutete Innenraum laden dazu ein, sich vor der Wanderung mit einem Getränk zu erfrischen. Außerdem gibt es hier auch einen Toilettenbereich.

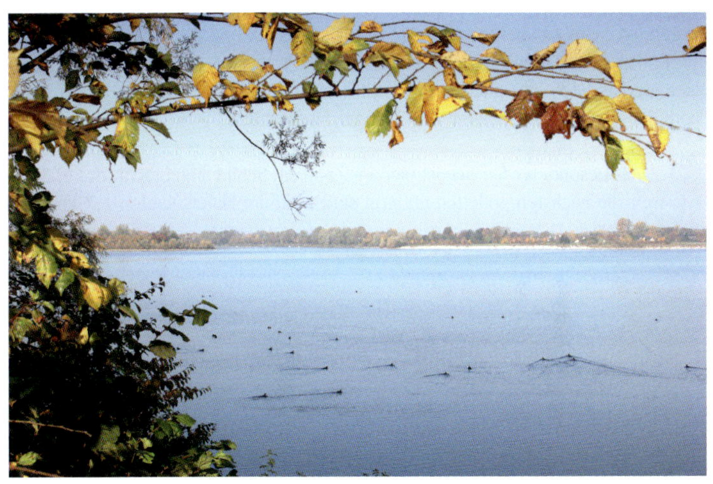

Xantener Südsee

Xantener Nord- und Südsee

Xantener Nord- und Südsee sind Teil des etwa 250 ha großen **Freizeitzentrums Xanten** (FZX). Durch Kiesaushebungen entstanden bis zum Jahr 1994 beiden etwa 110 ha großen Seen, die durch einen Kanal miteinander verbunden sind. An der tiefsten Stelle sind die künstlichen Gewässer etwa 15 m tief. Beide Seen bieten Wassersportlern zahlreiche Möglichkeiten, aktiv zu sein, vom Tauchen über Stand Up Paddling bis hin zu Kanufahren, Windsurfen und Segeln.

♦ Freizeitzentrum Xanten, Strohweg 2, 46509 Xanten, ☎ 028 01/71 56 56,
✉ info@f-z-x.de, 💻 www.f-z-x.de

Zwischen dem Wanderweg und dem Ufer liegt ein kleiner Minigolfplatz. Das **Adventuregolf** ist eine moderne Art, Minigolf zu spielen, mit Grasbahnen und etwas ungewöhnlicheren Parcours. Unmittelbar hinter dem Minigolfplatz, bei km 0,23, befindet sich dann auf der linken Seite eine nette **Kneippanlage** mitsamt **Barfußpfad.** Beide Anlagen sind frei zugänglich.

Dass dieser Teil von Xanten am Niederrhein liegt, ist auch daran zu erkennen, dass hier alles sehr flach ist und der Weg in der Regel zwischen 15 und 20 m über Normalnull verläuft.

Rechter Hand ist nun das Ortseingangsschild von Lüttingen, einem Stadtteil von Xanten, zu sehen. Sie folgen dem geschotterten Uferweg in Bögen am Ufer der Südsee entlang. Während auf der rechten Seite zahlreiche schmucke Einfamilienhäuser auftauchen (teilweise mit Ferienwohnungen), liegen auf der gegenüberliegenden Seite gut sichtbar der Archäologische Park und der ✞ **Xantener Dom**.

Entlang des Uferweges gibt es zahlreiche Parkbänke. Es gibt immer wieder kleinere Passagen, die einen direkten Blick aufs Wasser ermöglichen. Bei km 1,85 kommen Sie zur sogenannten ⌘ **Lüttinger Fischerhütte**.

☺ Als besonderer Service ist hier am Zaun ein Schild angebracht, das erklärt, wie weit die nächsten Toiletten entfernt sind – die im Hafen Xanten 1,7 km, die bei der Wasserskistation 2,2 km.

Gedenktafel

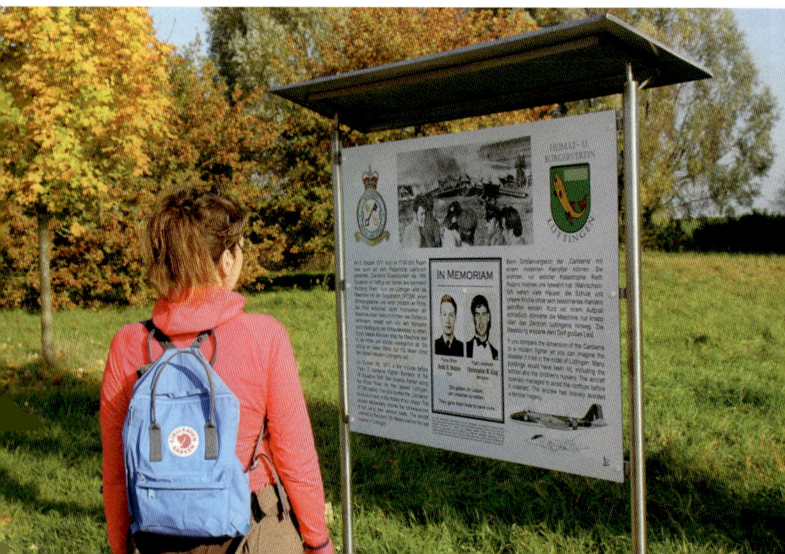

An verschiedenen Stellen entlang der Xantener Seen besteht die Möglichkeit, das **Fahrgastschiff Seestern** (☏ 01 71/647 63 55, 💻 www.seestern-xanten.de) zu besteigen. Es verkehrt fahrplanmäßig von April bis Ende Oktober. Die Tarife beginnen je nach Fahrstrecke bei € 3.

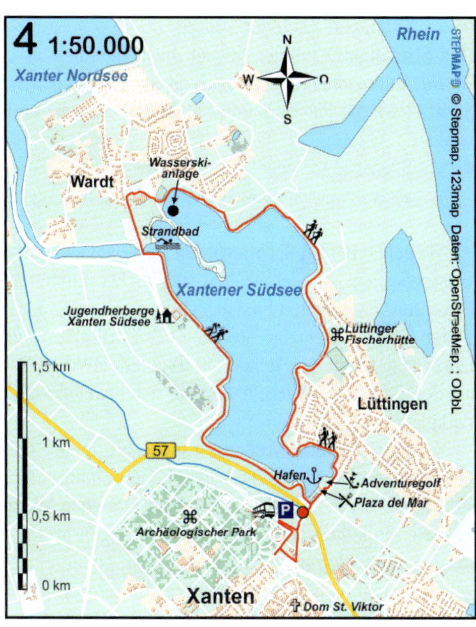

Bei km 2,5 befindet sich eine Gedenktafel, die der Heimatverein Lüttingen aufgestellt hat. Hier wird zweier amerikanischer Piloten gedacht, die das Dorf gerettet haben, indem sie ihre beschädigte Maschine außerhalb der Ortschaft zum Absturz gebracht haben.

360 m weiter kommen Sie zu einer weiteren Informationstafel, die über Funde von römischen Lastkähnen hier im Kies berichtet. Danach kommt nach einer Kurve ein riesiger Strandabschnitt, ein Kiesstrand, der frei zugänglich ist. Bei km 3,4 fällt eine **Wasserskianlage** in den Blick.

Wasserskiseilbahn

Die Wasserskiseilbahn besteht aus einem etwa 1.000 m langen Rundkurs mit Fünf-Mast-Anlage und diversen Obstacles (Hindernissen). Hier ist auch Paarski- und Wakeboardfahren möglich. Für Einsteiger steht eine spezielle Seilbahn zur Verfügung.

♦ Wasserski Xantener Südsee, ☏ 028 01/715 60, 💻 www.f-z-x.de, witterungsabhängig von März bis Mitte Oktober Fr ab 15:00, Sa, So und Fei ab 12:00, in den Sommerferien täglich ab 12:00 bis zum Einbruch der Dunkelheit, Kosten für eine Stunde: Erwachsene € 16, Kinder und Jugendliche € 11

Bei km 3,7 liegen rechter Hand die Ruinen eines alten ⌘ **römischen Wachturms**. 300 m weiter folgt dann rechts ein **Kletterpark** (💻 www.adventurepark-xanten.de). Direkt gegenüber befinden sich auch das **Freibad** und der Startpunkt für das Wasserski. Sie folgen dem Weg weiter am Ufer entlang.

Strandbad Xantener Südsee

Das Strandbad Xantener Südsee besticht durch einen 1.000 m langen Sandstrand. Zum Areal gehören auch ein spezieller Nichtschwimmerbereich sowie ein Sports-Park mit Parcours (mit Katapult, Trampolin und Monkey Bar) für Schwimmer.

♦ Strandbad Xantener Südsee, ☏ 028 01/715 60, 💻 www.f-z-x.de, Mai-Sep täglich ab 10:00, Eintritt: Erwachsene € 5, Kinder und Jugendliche € 2,80

Sie gehen bei km 4,15 nicht links auf die Landzunge, auf der der Eingang zum Wasserski liegt, sondern halten sich rechts. Unmittelbar vor dem Parkplatz am Adventure Park biegen Sie links ab und gehen die kleinen Stufen hoch. Diese 12 Stufen bilden die einzige Steigung der ganzen Tour und sind schnell erklommen. Linker Hand liegt ein Atelier. Sie folgen dem Weg weiter daran vorbei. Wenn Sie auf den Parkplatz treffen, halten Sie sich halb links und gehen ein Stück über den Parkplatz.

Sie passieren eine Wellness-Landschaft, immer noch auf dem Parkplatz, und gelangen an eine Straße. Hier halten Sie sich links und wandern auf dem Bürgersteig weiter. Nun befinden Sie sich im Dörfchen **Wardt**. Sie gehen auf dem Bürgersteig ein kurzes Stück entlang der ruhigen Straße Richtung Xanten, das hier mit 3,5 km Entfernung ausgeschildert ist. Unmittelbar bevor Sie über die Brücke gehen, zweigt rechter Hand ein Weg ab, wer möchte, kann hier entlanglaufen, um auch die **Nordsee** zu umrunden.

Sie gehen geradeaus, über die kleine Brücke hinüber. Unmittelbar danach laufen Sie nach links, auf den Weg, der direkt am Ufer entlang verläuft. Hier bietet sich ein herrlicher Blick zurück auf die Landzunge, auf der das Strandbad liegt. Auf der rechten Seite erscheint bald darauf ein moderner Gebäudekomplex, die Jugendherberge Xanten Südsee (💻 www.jugendherberge.de) mit einem Spielplatzareal daneben. Wenn Sie nun weiter am Ufer der Südsee entlangwandern, erscheint vorne die Silhouette des ✝ **Doms St. Viktor** (💻 www.stviktor-xanten.de)

Der Weg am Ufer führt Sie schließlich wieder zurück zum Parkplatz, wo die Tour jedoch noch nicht ganz endet. Bei km 7,5 ist der Ausgangspunkt wieder erreicht. Nun gehen Sie über den Parkplatz, auf die Ampel zu. Sie überqueren dort den Varusring und wandern auf die Nachbildung der alten römischen Stadtmauer zu.

Wer möchte, kann an der nächsten Ecke zum Eingang Hafentempel des ⌘ **Archäologischen Parks Xanten** gelangen. Sie gehen jedoch weiter geradeaus, überqueren die Straße und marschieren auf den Haupteingang zu. Sie überqueren auch die nächste Straße, den Zubringer für den Parkplatz des APX. Es geht auf dem Fußweg entlang der Straße weiter, direkt auf die Türme des Xantener Doms zu. Am Kreisverkehr zweigt rechts vor einem Parkplatz ein Weg ab, dort gehen Sie hinein und gelangen so zum Haupteingang des Archäologischen Parks. Hinter der Stadtmauer fällt bereits der Nachbau des Amphitheaters in den Blick, der großen und kleinen Gladiatorenfans Spaß machen dürfte. Der Weg beschreibt nun noch eine Linkskurve. Der Haupteingang ist bei km 8,2 erreicht.

⌘ Archäologischer Park Xanten

„Temous edax rerum" sprach einst Ovid: „Die Zeit nagt an den Dingen." Wie gut, dass man im Archäologischen Park Xanten (APX) alles daran setzt, gegen den Zahn der Zeit anzuarbeiten. Im weitläufigen Grün des Parks vermitteln originalgetreue Nachbauten wie der Hafentempel und das Amphitheater, die Stadtmauer, Wohnhauser und Badeanlagen einen lebendigen Eindruck vom römischen Alltag in Germanien. Die Macher des Parks haben wirklich alle Ehren verdient. Sie haben auf dem Gelände der einstigen Römerstadt **Colonia Ulpia Traiana** nicht nur Deutschlands größtes archäologisches Freilichtmuseum geschaffen, sondern laden darüber hinaus durch die authentische Gestaltung der Anlage auch zu einem anregenden Ausflug in die Geschichte ein.

Gleich unweit des Haupteingangs liegt – sozusagen als Tusch zum Auftakt – das wiedererrichtete römische Amphitheater. Betritt man die imposante Arena über die Ränge, so meint man noch, eine Trompetenfanfare zu vernehmen, die ein Spektakel ankündigt. Man kann sich gleich leicht vorstellen, wie aufgeregt die Zuschauer den Gladiatorenkämpfen und dem Wagenrennen in der Arena entgegenfieberten. Wenn man herabsteigt, und sich selbst in das große Rund stellt, dann möchte man unwillkürlich mehr über die gut ausgebildeten Kämpfer wissen. Zum Glück findet man in den Gängen unterhalb der Zuschauertribünen Antworten. Filme informieren über Kampftechniken und Waffen, Ausstellungsstücke erzählen über berühmte Gladiatoren und ein (Film-)Bär in Lebensgröße sorgt mit seinem markerschütternden Gebrüll für den leichten Gruselfaktor – schließlich kämpften die Gladiatoren auch gegen wilde Tiere.

Rund 400 Jahre lang war Xanten einer der bedeutendsten römischen Orte in Germanien. An die zehntausend Männer, Frauen und Kinder lebten in der imposanten Stadt, die Kaiser Trajan um 100 n. Chr. zur Colonia Ulpia Traiana ernannte. Dass ihr Gelände seit dem Mittelalter kaum besiedelt wurde, ist ein wahrer Glücksfall für die Archäologen von heute. Sie können so seit dem Jahr 1977 die

Überreste der römischen Stadt im Archäologischen Park Xanten schützen, erforschen und präsentieren.

Jedes Bauwerk entstand nach jahrelangen Ausgrabungen und Forschungen im originalen Maßstab am originalen Standort. In Form und Material entsprechen die begehbaren Modelle ihren römischen Vorbildern und machen so die Wirkung der antiken Architektur anschaulicher begreiflich als jedes Buch.

Magisch ziehen die imposanten Säulen des Hafentempels die Besucher an. Er war zu Bauzeiten mit einer Höhe von 27 m der zweitgrößte Tempel der Stadt und die Säulen ragten schon damals weit sichtbar über der Stadtmauer auf. Eine breite Treppe führt zum sogenannten Kultraum hinauf, in dem einst das Standbild der hier verehrten Gottheit gehütet wurde. Weil man bis heute nicht weiß, welcher Gott oder welche Göttin das war, benannten die Ausgräber den Tempel einfach nach seiner Lage in der Nähe des römischen Hafens.

„Mens sana in corpore sano" – weil ein gesunder Geist in einem gesunden Körper wohnt, wie bereits der römische Dichter Juvenal im 1./2. Jahrhundert wusste, führt der Weg danach fast natürlich zur Römischen Herberge. Bereits vor Jahrhunderten bot sie Reisenden Stärkungen für den Leib, eine komfortable Unterkunft und die Wonnen eines heißen Wannenbades. In der vollständig rekonstruierten Herberge können die Besucher römische Schlafzimmer, Wohnräume, eine funktionstüchtige Küche und eine unterirdische Vorratskammer erkunden. Gleich neben den üppigen Beeten des Kräutergartens können Sie sich mit modernen Speisen oder solchen nach antiken Rezepturen stärken.

Besonders beeindruckend ist das Badehaus der Herberge mit seinen Wasserbecken und farbenprächtigen Wandmalereien. Es ist bis heute weltweit die einzige Anlage, die originalgetreu wie in der Antike befeuert werden kann. Bei plätscherndem Wasser und dampfgeschwängerter Luft kann man sich hier leicht die Genüsse vorstellen, die die Römer in den unterschiedlich beheizten Becken und bei wohligen Massagen so sehr geschätzt haben. Schade nur, dass man als Besucher nicht auch in die Becken tauchen kann!

Keine große römische Stadt konnte ohne mächtige Mauern und Tore bestehen. In Xanten gibt es neun begehbare Türme und auch Abschnitte der hohen Stadtmauer sind rekonstruiert und begehbar. Sie wirken damals wie heute sehr machtvoll. Wer das Stadttor mit seinen steilen Treppen erklimmt, wird in luftiger Höhe mit einem schönen Ausblick über das Parkgelände und die niederrheinische Landschaft belohnt.

♦ LVR-Archäologischer Park Xanten, LVR-RömerMuseum, Am Amphitheater, 46509 Xanten, ☏ 028 01/988 92 13, 💻 www.apx.lvr.de, März-Okt täglich 9:00-18:00, Nov täglich 9:00-17:00, Dez-Feb täglich 10:00-16:00, Eintritt: Erwachsene € 9, Kinder und Jugendliche unter 18 Jahren frei

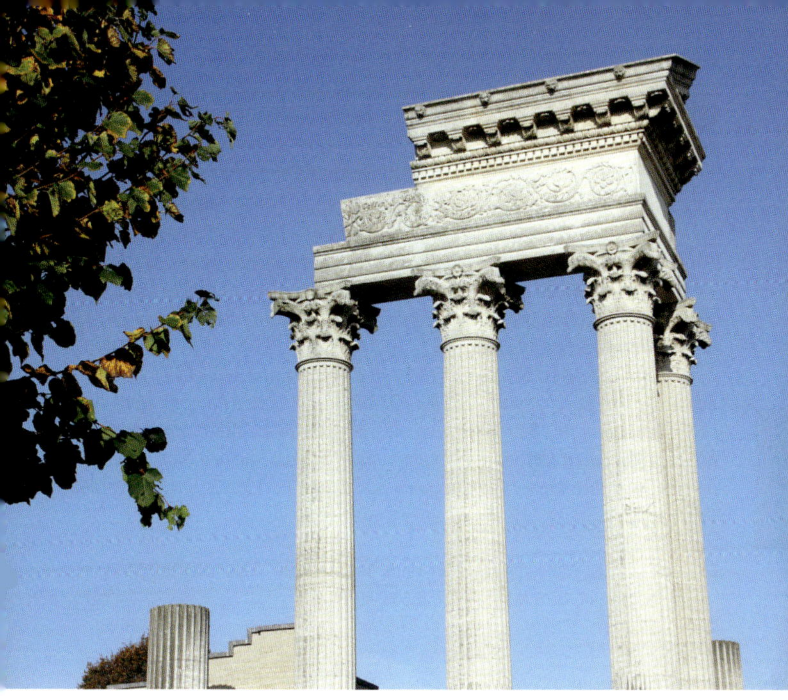

Archäologischer Park Xanten

Nach der individuellen Erkundung des wirklich sehenswerten, aber eintrittspflichtigen Parks kann man von hier aus wieder zurück zum Ausgangspunkt der Tageswanderung gehen. Alternativ ist das Stadtzentrum von Xanten schnell erreicht und lädt ebenfalls zur Erkundung ein. Der Dom bildet dabei eine gute Orientierungshilfe.

Um zurück zum Ausgangspunkt zu gelangen, verlassen Sie den Eingang und wenden sich nach links. Es geht für ein kleines Stück an der alten Stadtmauer entlang. Die Mauer knickt nach links ab und Sie folgen ihr. (Wer eine Abkürzung gehen möchte, geht einmal durch den Graben.) Dann benutzen Sie den Überweg über den Graben und laufen auf der anderen Seite ein Stück quasi zurück. Wenn der geschotterte Weg wieder auf einen asphaltierten Fuß- und Radweg trifft, wenden Sie sich nach links.

Sie überqueren die Zufahrt zum **P** Parkplatz und es geht geradeaus auf die Ampel zu. Der Varusring wird gekreuzt und Sie gelangen wieder zum Ausgangspunkt Ihrer Tour.

❺ Rheinberg – Vielfalt rund um Orsoy

Tour für Landschaftsgenießer und Familien

Ein Urlaubstag im Ruhrpott gefällig? Lust auf Abwechslung an frischer Luft? Dann ist diese Tour perfekt. Es geht am breiten Strom entlang und man staunt, wie die Wassermassen von „Vater Rhein" durch Mutter Natur fließen und die riesengroßen Pötte vorbeiziehen.

Sodann spazieren Sie durch Felder und Wiesen und schließlich an der Stadtmauer um das beschauliche Örtchen ***Orsoy*** *herum. Nun fehlen nur noch ein hübscher See, ein toller Biergarten und ein verwunschener Wald, um Wanderherzen höher schlagen zu lassen, oder? Gibt's nicht im Pott, meinen Sie? Dann schnappen Sie sich Ihre Kamera und bannen Sie die grüne Vielfalt Rheinbergs auf den Kamerachip ...*

Start/Ziel: Wanderparkplatz am Haus Rheinblick am Niederhalener Dorfweg in Duisburg-Baerl, GPS N 51°29.127' E 006°40.740'

14,2 km

3 Std.

65 m/65 m

16-30 m

Für die Rundstrecke gibt es keine einheitliche Markierung. In Teilen weisen X sowie DU den Weg.

mehrere Einkehrmöglichkeiten, z. B. Haus Rheinblick (direkt am Start/Ziel), Restaurant Orsoyer Hof (ca. km 7,5), Casa Castillo (ca. km 10,3)

zahlreiche Sitzbänke entlang der Tour

Vor allem der Promenadenwall in Orsoy und die dort liegenden Spielplätze wecken bei Kindern Begeisterung.

Der Weg ist mühelos mit dem Buggy machbar. Es warten nur kleine Steigungen und ein Handvoll Stufen.

Die Wanderung ist für Hunde geeignet, auch wenn zwischendurch etwas Asphalt getreten werden muss.

Ein kostenfreier Parkplatz findet sich am Start/Ziel.

Vom Duisburger Hauptbahnhof fahren Sie mit der Straßenbahnlinie 901 Richtung Duisburg Scholtenhofstraße. Am Bahnhof Duisburg-Ruhrort steigen Sie in die Buslinie 909 Richtung Duisburg Baerl Kirche um. Ab der Haltestelle Restaurant Liesen sind es etwa zehn Gehminuten.

Sie starten am P Wanderparkplatz am ✗ **Haus Rheinblick**.

✗ Haus Rheinblick, Niederhalener Dorfweg 3, 47199 Duisburg-Baerl,
☏ 028 41/871 16, www.hausrheinblick.com, Di-So 12:00-21:00

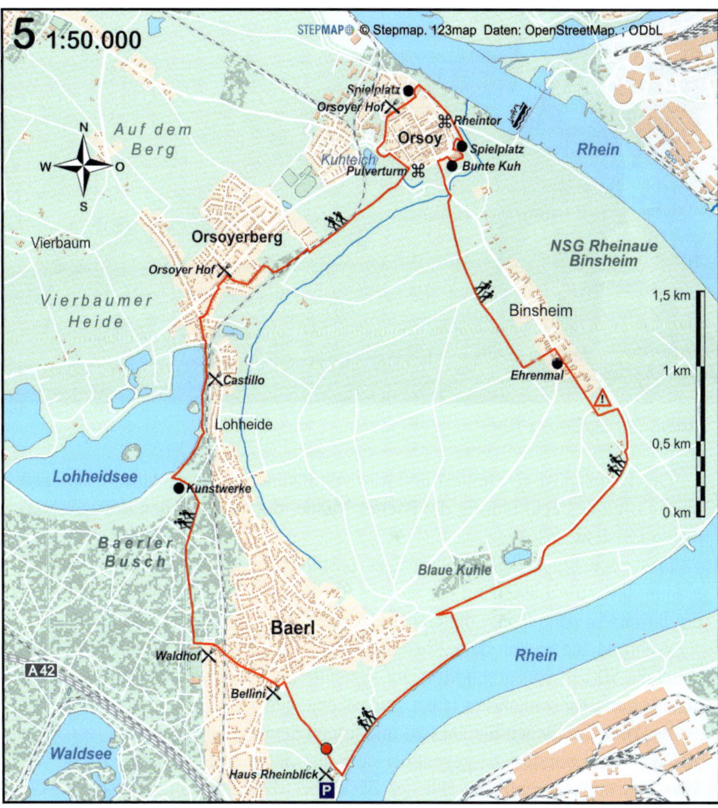

Vor Ihnen liegt eine mächtige Rheinbrücke, die mit ihrer Form ein wenig an die Golden Gate Bridge erinnert. Sie gehen Richtung Rheinufer, halten sich dann links und laufen auf dem Uferweg flussabwärts. Während Sie dem Leinpfad folgen, baut sich vor Ihnen auf der anderen Uferseite die Duisburger Industriekulisse auf und dicke Frachtschiffe tuckern an Ihnen vorbei.

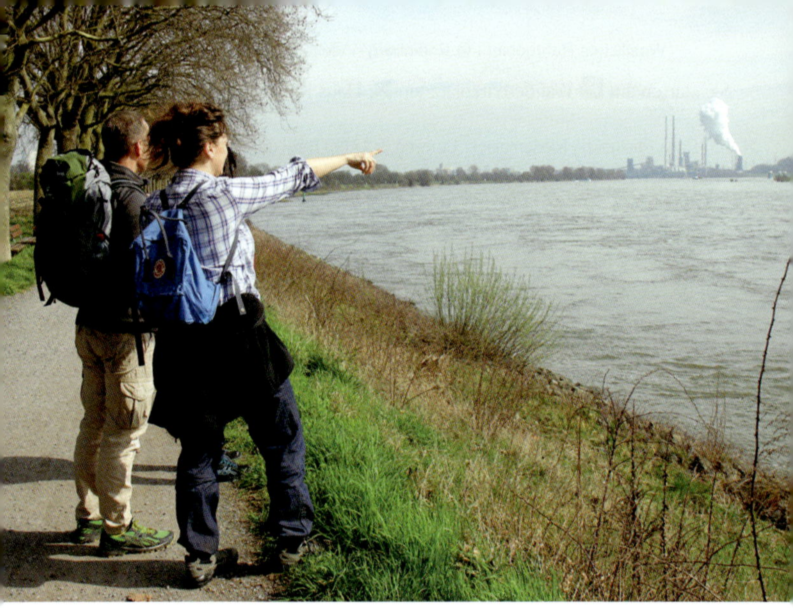

Rhein bei Duisburg-Baerl

Der Leinpfad ist geschottert und wird von Bäumen gesäumt. Linker Hand fällt über ein großes Feld hinweg die **Baerler Mühle**, das Wahrzeichen des gleichnamigen Ortsteils, ins Auge.

Das erste Stück des Wanderweges besteht aus einem reinen Kontrastprogramm: Industriekulissen auf der rechten Rheinseite und landschaftliche Idylle auf der linken. So nahe liegen die Gegensätze im Ruhrgebiet beieinander.

Während Sie weiter dem Rheinufer folgen, wechselt der Untergrund nach ungefähr 500 m von geschottert auf asphaltiert. Den herrlichen Uferweg muss man sich mit Fahrradfahrern teilen, sodass eine gewisse Vorsicht geboten ist.

Bei km 1,35 biegen Sie links ab und folgen dem asphaltierten Weg, verlassen also das Rheinufer. Das ist gegenüber dem markanten eckigen Turmgebäude von ThyssenKrupp. Linker Hand fällt der Blick über die Felder und Wiesen auf die Kirchturmspitze von **Baerl**. An der nächsten Gabelung halten Sie sich links und wandern den leichten Anstieg hoch (km 1,6). An der nächsten Möglichkeit wenden Sie sich nach rechts, um über den breiten Damm weiterzugehen.

Sie folgen nun dem asphaltierten Damm. Vor Ihnen baut sich wieder die Industriekulisse mit qualmenden Schornsteinen auf. Wenn sich die Straße bei km 2,35 gabelt, nehmen Sie den linken Weg, um weiter auf dem Damm zu bleiben. Dazu gehen Sie durch die Schranken und halten sich dann rechts. Sie laufen nun quasi auf riesige Kühltürme zu. Bei km 3,5 treffen Sie auf die Woltershofer Straße, dort biegen Sie links ab, um vor dem Haus wieder auf den Weg etwas unterhalb des Dammes zu gelangen. Hier findet sich auch eine rot-weiße Schranke. Der Damm zur Rechten verdeckt den Blick auf den Rhein, gleichwohl können Sie darüber hinweg die Schornsteine der Industrieanlagen in Duisburg erkennen.

An der nächsten Gabelung (km 3,85) biegen Sie dann links ab. Bei km 4 treffen Sie wieder auf eine Straße und wenden sich nach rechts. Sie folgen nun der Straße ein Stück geradeaus. ✋ Achtung, hier können auch Autos fahren! Die Woltershofer Straße geht schließlich in die Orsoyer Straße über. ✋ Hier müssen Sie ein wenig vorsichtig sein, die Straße ist stärker befahren und für ein kurzes Stück gibt es keinen Bürgersteig. Linker Hand kommt ein Ehrenmal in den Blick (km 4,48). An der ersten Möglichkeit biegen Sie dann links in den Sardmannsbruchweg ab (km 4,56).

Sie folgen nun dem Weg durch die Felder hindurch. Über die Felder und Wiesen hinweg sieht man geradeaus die bereits erwähnte Rheinbrücke und „**Das Geleucht**" in Moers. An der ersten Möglichkeit biegen Sie rechts ab. Von hier sind es gemäß Beschilderung bis nach Orsoy noch 1,9 km.

Während Sie auf dem asphaltierten Pfad zwischen Feldern und Äckern hindurch Richtung Orsoy gehen, ignorieren Sie die Abzweige nach links oder rechts. Wenn der betonierte Weg auf eine T-Kreuzung trifft, setzen Sie Ihren Weg geradeaus auf einem Trampelpfad zwischen den Feldern fort. Das ist bei km 5,7. Auf diesem Trampelpfad laufen Sie genau auf die Kirchturmspitze von Orsoy zu. Der Weg durch die Äcker bringt Sie bald darauf in ein kleines Wäldchen. Sie folgen dem Weg bis zur Landstraße und biegen dort links auf den kombinierten Fuß- und Radweg neben der Straße ab, der Sie über einen kleinen Bach hinüber führt. Sie laufen weiter an der Binsheimer Straße entlang Richtung Ortseingang von **Orsoy**.

Orsoy

Mit seinem mittelalterlichen Charme gilt das zu Rheinberg (💻 www.rheinberg.de) gehörende Orsoy als eines der beliebtesten Ausflugsziele des Ruhrgebiets am linken Niederrhein. Markant ist hier neben den Resten der Festungsmauer vor allem die historische Bebauung. Von der schön angelegten Rheinpromenade fällt der Blick auf den Duisburger Stadtteil Walsum, zu dem seit 1908 eine Fährverbindung besteht (💻 www.rheinfaehre-walsum.de).

Die ursprünglichen Stadttore existieren allesamt nicht mehr. Ein Blickfang ist aber das 1937 fertiggestellte Hochwasserschutztor, auch ⌘ Rheintor genannt. Ein Relikt aus längst vergangenen Zeiten ist der 18 m hohe, um das Jahr 1550 errichtete ⌘ Pulverturm, an den sich einige Teile der alten Stadtmauer anschließen. Beim Gang über den schön angelegten Wallpromenadenring lässt sich das ursprüngliche Maß der Stadtbefestigung erahnen.

Pulverturm in Orsoy

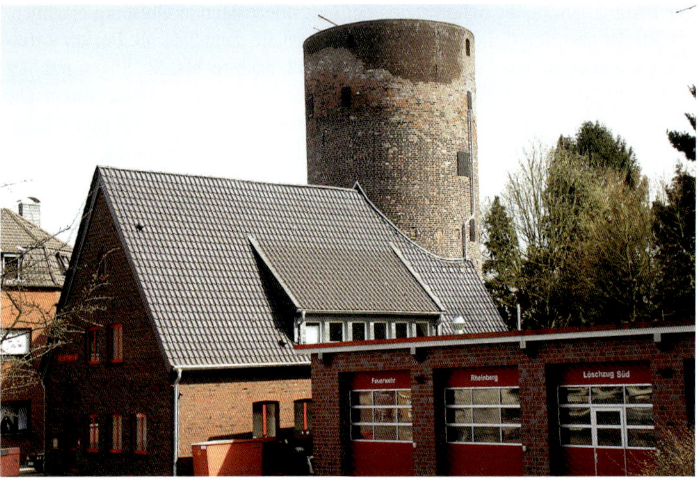

Bei km 6,38, wenn rechter Hand ein schlossähnliches Haus liegt, biegen Sie rechts ab. Sie queren die Straße und folgen dem Ostwall. Gehen Sie auf das schlossähnliche Gebäude mit seinem markanten Turm zu. Vor dem Gebäude wenden Sie sich nach rechts und folgen dem Weg um das Haus herum. Hier begrüßen Sie eine bunte Kuh an einem aus Backsteinen gemauerten Amphitheater sowie ein bepflanzter „Hund", ein Kohlewagen.

Sie gehen links um das Gebäude herum und dann über eine Art Holzsteg. Rechter Hand liegt ein Spielplatz. Wenn rechts zwei Wege abzweigen, direkt am Spielplatz, nehmen Sie den rechten Weg. Er bringt Sie in einem Rechtsbogen auf den Damm hinauf. Wenn Sie oben angekommen sind, halten Sie sich links. Während Sie über den Damm wandern, ist rechter Hand wieder der Rhein Ihr Begleiter. Hier fällt auch die Fähre in den Blick, die zwischen Orsoy und **Duisburg-Walsum** verkehrt.

Sie folgen dem Damm weiter geradeaus und überqueren mithilfe von ein paar Stufen eine Brücke. Sie markiert das sogenannte ⌘ **Rheintor**. Bei km 7,32 verlassen Sie den Damm und biegen links ab. Rechter Hand liegen nun ein Bolzplatz und ein Spielplatz, während Sie der geschotterten Allee folgen. Der Weg knickt nach links und nach einem Parkplatz sofort wieder nach rechts ab. Sie wandern nun über den Nordwall. Die Schule ist die Grundschule Orsoy.

Sie treffen auf eine Straße, den Hafendamm, und überqueren diese geradeaus. Auf der anderen Straßenseite liegt das ✕ **Restaurant Orsoyer Hof**, ein Steakhaus.

✕ Restaurant Orsoyer Hof, Hafendamm 2, 47495 Rheinberg-Orsoy, ☏ 028 44/21 11, 💻 www.orsoyerhof.de, 🚪 täglich 11:30-24:00

Sie folgen dem Weg links neben dem Orsoyer Hof. Es handelt sich wieder um eine geschotterte Allee. Wenn sich der Weg am Friedhof gabelt, halten Sie sich links. Sie folgen weiter der schön angelegten Allee. Dann endet der Damm und Sie gehen links die Treppen hinunter und dann rechts über die Rheinberger Straße. Schräg gegenüber nehmen Sie dann wieder den schönen Wallpfad. Linker Hand liegt ein Kriegsehrenmal. Wenn Sie wieder den Weg erreicht haben, liegt direkt vor Ihnen der **Kuhteich**.

Kurz bevor der Weg auf den Südwall trifft, biegen Sie rechts ab und folgen weiter der Promenade. Linker Hand fällt nun der ⌘ **Pulverturm**, das Wahrzeichen von Orsoy, in den Blick. Wenn linker Hand der Pulverturm liegt und direkt vor Ihnen der Friedhof, biegen Sie rechts in die Straße Bendstege ab. Nach dem Bachlauf folgen Sie geradeaus dem Verlauf der Anliegerstraße, die für motorisierte Fahrzeuge gesperrt ist. Wenn der Friedhof passiert ist, sind wieder Felder und Wiesen Ihre Begleiter. Der Weg ist hier mit dem Wanderzeichen ✎ X ausgeschildert, dem Sie eine Weile folgen werden.

Bei km 8,7 kommt rechts ein Bahngleis hinzu, das nun für ein Stück des Weges direkt neben Ihrem Weg verläuft. Wenn Sie zu einer kleinen Siedlung kommen, dem Orsoyer Berg, gehen Sie rechts über die Eisenbahnschienen hinüber. Das ist bei km 9,14. Direkt nach den Schienen wenden Sie sich dann nach links auf den Trampelpfad neben den Gleisen. Ein wenig unbehaglich wird einem schon, weil der Wanderweg nur knapp eine Armeslänge von den Schienen entfernt ist. Doch schon nach wenigen Hundert Metern schwenkt er rechts in den Wald ab.

Sie gehen die flachen Stufen hinauf und folgen dem Damm oberhalb der Bahnschienen. Schließlich knickt er nach links ab. Sie folgen dem Trampelpfad zwischen zwei Zäunen hindurch. Er bringt Sie zu einer Straße im Wohngebiet (Schlesierweg). Sie ignorieren den ersten Abzweig nach rechts und gehen weiter den Schlesierweg entlang. Er beschreibt eine Rechtskurve durch das Wohngebiet. Linker Hand passieren Sie die Gaststätte ✕ **Orsoyer Berg**.

Orsoyer Berg (demnächst: Restaurant Honnen auf dem Berg), Kuhdyck 72, 47495 Rheinberg, ☏ 028 44/90 38 60, www.orsoyer-berg.de, Di-Sa ab 17:00, So 11:00-14:30 und ab 17:00

Dort, wo der Schlesierweg endet, biegen Sie links auf den Fußweg ab. Gegenüber dem Sparkassen Service-Zentrum gehen Sie links in den Lohmühler Weg und folgen weiter dem Wanderweg X. Am Ende des Lohmühler Wegs biegen Sie links auf die Baerler Straße ab. Sie überqueren die Straße Am Lohbach und laufen weiter geradeaus. Nach dem Haus Nummer 123, direkt vor dem Ortsausgangsschild, gehen Sie dann rechts in den Trampelpfad. Dabei nehmen Sie nicht den Weg, der ganz rechts neben den Häusern entlangführt, sondern den, der über eine kleine Parkfläche führt.

Sie folgen nun dem Trampelpfad am Ufer des **Lohheidesees** entlang. Während rechter Hand der See liegt, erscheint linker Hand das **Restaurant Castillo** mit Tapasbar. Um dorthin zu gelangen, muss man einmal die Bahnschienen überqueren.

Lohheidesee

Das 0,5 km² große Gewässer im Städtedreieck Duisburg, Rheinberg und Moers entstand in den 1980er-Jahren aus einer ehemaligen Kiesgrube. Das Wegenetz um den See ist an die Waldwege im **Baerler Busch** angebunden, mit dem zusammen das Gewässer ein rund 4 km² großes Naherholungsgebiet bildet.

Etwa bei km 10,9 kommt ganz charmant eine bewaldete Insel in den Blick. Der Weg steigt nun leicht an und führt Sie am Gelände eines Segelclubs vorbei, der Seglergemeinschaft Lohheidesee. Bei km 11,53 biegen Sie links ab, hier sind auch ein paar Poller und eine kleine rote Schranke zu sehen. Rechter Hand finden sich einige Kunstwerke. Der Weg, der auch mit ✎ DU beschildert ist, führt Sie nun an einigen Wohnhäusern vorbei auf einen Wald zu, den **Baerler Busch**. Sie treffen schließlich auf eine Straße und gehen schräg gegenüber in den mit Pollern abgesperrten Waldweg. Dieser ist ebenfalls mit DU gekennzeichnet.

An der ersten Weggabelung folgen Sie dem breiten Wanderweg nach rechts (km 11,78). Knapp 30 m weiter überqueren Sie einen Reitweg und gehen weiter geradeaus durch den Wald. Bei km 12,36 überqueren Sie einen weiteren Reitweg. Wenn der Waldweg wieder in eine Siedlung führt und auf eine T-Kreuzung trifft, biegen Sie links ab. Der Weg bringt Sie aus dem Wald heraus. Linker Hand liegt ein kleiner Spielplatz, rechts der Sportplatz des TuS Baerl.

Baerl

Der heutige linksrheinische und flächenmäßig größte Stadtteil von Duisburg fand im Jahr 1234 erstmals urkundliche Erwähnung. Bis heute hat Baerl am Rande der Großstadt seinen dörflichen Charakter bewahrt. Umgeben von großen Wiesen-, Acker- und Wasserflächen leben hier heute knapp 5.000 Menschen.

Zu den markanten Bauwerken gehört die Baerler Mühle aus dem Jahr 1805. Auf dem zentralen Platz, um den herum sich mehrere alte Bauernhofanlagen und die evangelische Kirche St. Luzia gruppieren, steht ein mehr als 100 Jahre altes Denkmal für Kaiser Wilhelm.

Sie gehen geradeaus an einem Parkplatz zur Linken vorbei. Die Straße ist die Buchenallee, Sie gehen dann geradeaus weiter in die Hubertusstraße. Rechter Hand liegt die ✗ **Gaststätte Waldhof** – noch einmal eine Stärkungsmöglichkeit für den Endspurt.

✗ Gaststätte Waldhof, Hubertusstraße 31, 47199 Duisburg, ☎ 028 41/812 60, Mi-Sa 17:00-24:00, So 10:30-24:00

Sie setzen Ihren Weg durch die Wohnsiedlung hindurch fort, über den Bahnübergang hinüber und weiter geradeaus. Sie überqueren die Straße Auf dem Driesch und folgen weiter der Hubertusstraße.

Auch die Kreuzstraße überqueren Sie geradeaus. Linker Hand liegt nun auf einem kleinen Hügel die ⌘ **Baerler Mühle**. Sie treffen schließlich auf die Grafschafter Straße, hier biegen Sie links ab. Direkt an der Ecke finden Sie eine weitere Einkehrmöglichkeit, das ✗ **Bellini**, ein italienisches Restaurant.

✗ Bellini, Hubertusstraße 2, 47199 Duisburg, ☎ 028 41/871 11, www.bellini-baerl.de, Mo-Fr 11:30-14:30 und 17:30-23:00, Sa 17:00-23:00, So und Fei 12:00-23:00

Nach dem Bellini biegen Sie an der nächsten Möglichkeit rechts ab, dafür überqueren Sie die Grafschafter Straße und folgen nun dem Niederhalener Dorfweg. Hier ist auch der Weg Richtung Haus Rheinblick ausgeschildert. Neben der Fahrradstraße verläuft rechts ein Fußweg. In Ihrem Blickfeld erscheint wieder die markante Rheinbrücke, die Sie schon beim Start gesehen haben. Sie folgen der Allee durch Felder und Wiesen hindurch bis zum P Parkplatz am Haus Rheinblick, wo Ihre Tour begonnen hat.

⑥ Duisburg – Landschaftspark Nord und abends mit Beleuchtung …

Tour für kultur- und industriegeschichtlich Interessierte und Familien

So eine Tour gibt es wohl nur im Ruhrgebiet: Alte Industriekultur trifft auf coole Lichtkunst, Kleingartensiedlungen auf Autobahnen und der geneigte Wanderer auf abwechslungsreiches Gelände und Bergwerksromantik. Toll zu sehen, wie sich die Natur die alten Industrieanlagen Stück für Stück zurückerobert. Für Kinder ein „Abenteuerchen" und für Fotofans ein tolles Terrain zur Motivsuche.

Start/Ziel: Emscherstraße, Haupteingang des Landschaftsparks Duisburg-Nord, Duisburg, direkt am Parkplatz, GPS N 51°28.831' E 006°47.015'

6,1 km

1 Std. 50 Min.

100 m/100 m

20-48 m

In weiten Teilen der Strecke gibt es keine einheitliche Markierung.

Bar-Bistro-Restaurant-Biergarten im Hauptschalthaus (km 0,5)

zahlreiche Sitzbänke entlang der Tour, Picknickplätze nahe dem Start/Ziel

WC öffentliche Toiletten am Ende der Tour (ca. 150 m vom Start/Ziel)

Der Landschaftspark Duisburg-Nord ist wie ein großer Abenteuerspielplatz. Die alten Industrieanlagen lassen sich erkunden, eine Kletterwand und ein Spielplatz fehlen auch nicht.

Der Weg kann fast durchgehend bequem mit dem Buggy absolviert werden. Allerdings muss er an einigen Stellen Stufen hoch oder runter getragen werden.

Der Weg ist für Hunde geeignet, auch wenn es zwischendurch immer mal wieder ein Stück an einer Straße entlanggeht.

P Ein kostenfreier Parkplatz findet sich direkt am Start/Ziel.

ab Hauptbahnhof mit der Straßenbahn 903 Richtung Dinslaken Bahnhof bis Haltestelle Landschaftspark Nord

☺ Der Eintritt in den Landschaftspark ist frei.

Sie starten an der Emscherstraße am Haupteingang des ⌘ **Landschaftsparks Duisburg-Nord** mit dem Zugang zum P Parkplatz im Rücken an der rot-weiß gestreiften Schranke mit einem Pförtnerhäuschen. Auf der linken Seite liegt die einstige Kraftzentrale mit dem heutigen Besucherzentrum. Sie passieren das

Hauptschalthaus (✕ ◨ Di-So 11:00-24:00) und gehen weiter geradeaus. Auf der rechten Seite fallen die gigantischen Hochöfen des ehemaligen Industriestandorts in den Blick, die abends fantastisch illuminiert sind.

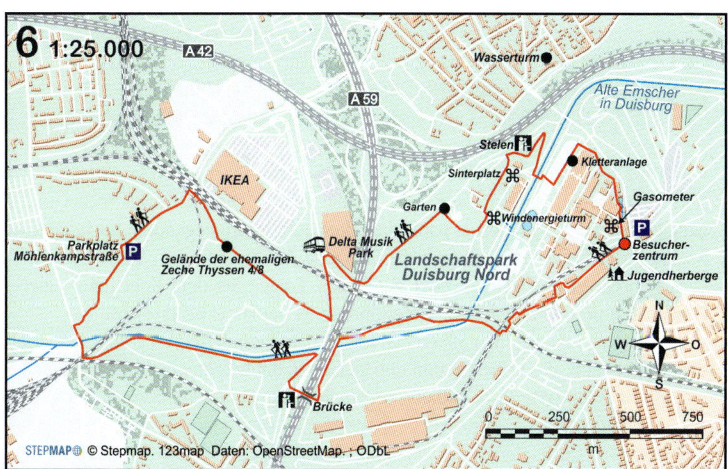

⌘ Landschaftspark Duisburg-Nord

Stufe um Stufe geht es hinauf auf 80 m Höhe. Ein bisschen flau wird einem dabei schon, doch die Mühen lohnen sich. Von der Aussichtsplattform des ehemaligen Hochofens 5 im Landschaftspark Duisburg-Nord bietet sich ein herrlicher Panoramablick über das Ruhrgebiet und den Niederrhein. Gleichzeitig löst sich das alte, verkrustete Klischee des Kohlenpotts in Wohlgefallen auf. Nur wenig erinnert hier oben an die Zeit der Montanindustrie. Ein Schornstein hier, ein Förderturm dort – die Monumente der Industriegeschichte sind rar gesät.

Der Landschaftspark ist so etwas wie der letzte verbliebene Dinosaurier aus der Blütezeit des Ruhrgebiets. Der einstige Roheisenerzeuger von ThyssenKrupp erscheint von hier oben im wahrsten Sinne des Wortes in einem besonderen Licht. Denn immer, wenn am Wochenende die Dämmerung einsetzt, funkeln die Hochöfen und Anlagen im bunten Neonlicht. Die spektakuläre Inszenierung trägt die Handschrift des englischen Lichtkünstlers Jonathan Park.

Und es gibt viel zu entdecken in einer Anlage, die in 82 Jahren 57 Millionen Tonnen Roheisen produzierte. So war das Erlöschen des letzten Hochofens 1985 nicht das Ende, sondern vielmehr ein Anfang. Das 200 ha große Areal wandelte sich binnen weniger Jahre in eine Parklandschaft. Den alten Hochöfen wurde neues Leben eingehaucht. Wo früher Malocher ihrem Tagewerk nachgingen, entstand ein einzigartiger Erlebnisraum. Aus einem Hochofen ist ein Aussichtsturm geworden. Die Gebläsehalle und die Kraftzentrale wurden zu Veranstaltungshallen umgebaut, die Erzbunker werden als Klettergarten genutzt und im stillgelegten Gasometer befindet sich das größte künstliche Tauchrevier Europas.

♦ Landschaftspark Duisburg-Nord, Emscherstraße 71, 47137 Duisburg, ☎ 02 03/429 19 19, 💻 www.landschaftspark.de, 🚪 rund um die Uhr frei zugänglich

Direkt hinter der Jugendherberge gehen Sie dann nach links, an ihrer Rückseite entlang. An der nächsten Möglichkeit wenden Sie sich nach rechts und laufen dann weiter geradeaus, parallel zu dem auf Stelzen liegenden, hoch aufgebockten Metallrohr. Sie passieren die Gebäude der Biologischen Station Westliches Ruhrgebiet und gehen weiter geradeaus. Folgen Sie dem Rohr unter einer Eisenbahnbrücke hindurch. Die Unterführung ist bei km 0,62 erreicht.

Nach dem Tunnel gehen Sie rechts, folgen dem betonierten Weg und wandern dann rechts über die Schienen und den kleinen Bahnübergang hinüber. Sie laufen nun eine geschotterte Piste entlang, rechts liegt der Bahndamm. Wenn der Weg

Hochofen im Landschaftspark Duisburg-Nord

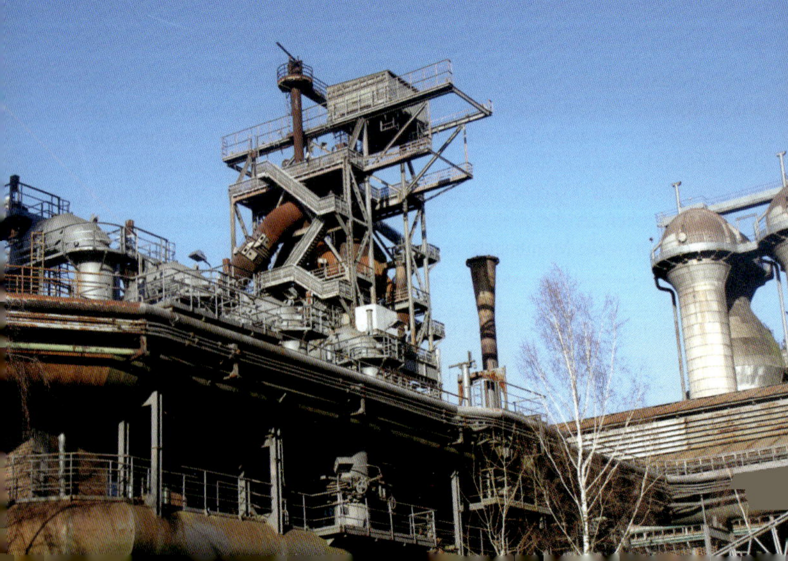

sich gabelt, gehen Sie geradeaus über die Brücke und queren so einen kanalisierten Bach. Der geschotterte Weg führt Sie schließlich zu einigen Stufen, über die es hinauf auf den Bahndamm geht.

Nachdem Sie die 27 Stufen bewältigt haben, gelangen Sie auf einen weiteren geschotterten Weg, rechts ist noch einmal die tolle Kulisse des Landschaftsparks zu sehen. Der Weg verläuft nun parallel zur Bahnlinie, während man bereits die nahe liegende Autobahn A59 lautstark hören kann. Nun folgt ein etwas ungewöhnlicher Wegabschnitt. Sie gelangen direkt an die Leitplanke der A59, biegen links ab und gehen die asphaltierte Straße entlang, dies ist bei km 1,29.

Sie setzen den Weg ein kleines Stück auf dieser asphaltierten Straße entlang der Autobahn fort, sozusagen als „Geistergeher", und marschieren dann die Brücke hinauf, die Sie rechts über die Autobahn führt.

☺ Von der Brücke lohnt der Blick zurück, denn abermals sind die Industrieanlagen des Landschaftsparks Nord prächtig zu sehen.

Nach der Brücke queren Sie die Hamborner Straße und gehen auf den Aussichtspavillon zu. Dieser besteht aus vier senkrechten Säulen, die oben mit Querstreben verbunden sind. Links sind zahlreiche Schrebergärten zu sehen und rechts eine riesige Wiese und auch wieder der Bahndamm.

Unmittelbar vor der Aussichtsplattform gehen Sie rechts den Weg hinunter. Dann, vor dem Bahndamm, halten Sie sich links. Nun laufen Sie entlang eines schmalen Flusses auf die kleine Brücke zu. Der Wanderweg ist hier herrlich breit und geschottert.

Auf der rechten Seite verläuft wieder der Bahndamm. Mit jedem Schritt, mit dem Sie sich der Brücke nähern, nimmt auch der Lärm der A59 ab. Die geschotterte Piste steigt leicht an und der Weg führt Sie unter einer Eisenbahnbrücke hindurch. Die Brücke ist bei km 2,6 erreicht.

Eine betonierte Rampe bringt Sie nun hinunter an die Papiermühlenstraße. Dort gehen Sie ein Stück auf dem Bürgersteig weiter geradeaus und unterqueren wieder eine hoch auf Stelzen liegende Sauerstoffleitung. Nachdem Sie unter dieser hindurchgegangen sind, biegen Sie an der nächsten Möglichkeit rechts auf einen Waldweg ab. Hier sind auch zwei Poller zu finden, die das Einfahren mit einem Auto verhindern sollen.

Gabelt sich der Weg bei km 2,76, dann halten Sie sich rechts. Der breite Wanderweg, auf dem es nach Regenfällen etwas schlammig sein kann, schlängelt sich durch den Wald. Rechter Hand sehen Sie dann bald wieder den Bahndamm und eine weitere Kleingartensiedlung. Diese heißt Möhlenkamp e.V. Sie gehen geradeaus, wenn Sie aus dem Wald kommen, über den P Parkplatz, der zu der

Kleingartensiedlung gehört. Am Ende des Parkplatzes wenden Sie sich dann nach rechts, parallel zur Straße. Die Straße, die Sie entlanggehen, ist die Möhlenkampstraße.

Sie kommen schließlich zu einer Bahnunterführung, in deren Mitte eine Treppe zu sehen ist. Diese gehen Sie hinauf. Nachdem die 33 Stufen erklommen sind, landen Sie an der Eisenbahnlinie, linker Hand ist ein IKEA-Komplex zu sehen. Sie passieren ein stillgelegtes Stellwerkshäuschen. Vor Ihnen liegt nun das flache Gelände der ehemaligen Zeche Thyssen 4/8.

Sie folgen dem geschotterten Weg, der nun weitestgehend parallel zum hoch auf Stelzen liegenden Sauerstoffrohr verläuft. Wenn sich rechts ein Abzweig auftut, dann gehen Sie weiter geradeaus entlang des großen Rohrs. Der Weg bringt Sie schließlich auf eine asphaltierte Fläche, folgen Sie dieser Richtung Autobahn. Sie wandern die hübsche Ahornallee hinunter. Es geht durch ein Tor und Sie kommen zur Hamborner Straße, die parallel zur Autobahn verläuft. Beide Straßen liegen nun direkt vor Ihnen. Sie biegen links auf den Bürgersteig ab und gehen durch die Unterführung hindurch.

Direkt danach liegt vor Ihnen die 🚌 Bushaltestelle Delta Musik Park. Hier gehen Sie nach rechts, elf Stufen hinauf, und halten sich parallel zum Bahndamm. Sie wandern auf einem asphaltierten Weg leicht bergan. Oben angekommen, überqueren Sie nun die A59. Nach der Brücke über die Autobahn biegen Sie an der ersten Möglichkeit links ab.

Wenn links ein Weg abzweigt, der leicht ansteigt, gehen Sie weiter talwärts. Die fotogene Silhouette des Landschaftsparks Nord kommt wieder in den Blick. Auch wenn rechts ein Weg abzweigt, setzen Sie den Weg hinunter weiter fort, unter der auf Stelzen gelegten Leitung hindurch.

Bei km 4,76 kommt rechts eine kleine Mauer und Sie gehen hier rechts durch das Tor hindurch. Auf der linken Seite liegt ein schön angelegter Garten. Sie laufen durch ein weiteres Tor und weiter auf dem geschotterten Weg. Vor Ihnen bietet sich wieder ein guter Blick auf die imposanten Gebäude des Landschaftsparks Nord.

Wenn der Weg sich vor Ihnen gabelt, halten Sie sich links. Auf der rechten Seite liegt nun der sogenannte ⌘ Windenergieturm. Sie gehen geradeaus auf eine Halde zu, die durch die roten Stelen, die auf der Anhöhe angebracht sind, auffällt. Auf dem Weg zur Halde passieren Sie riesige Betonklötze, die in den Himmel ragen. Sie gehen weiter über den sogenannten ⌘ Sinterplatz Richtung Halde. Sie laufen auf das kleine Amphitheater zu und halten sich unmittelbar davor links. Dort sehen Sie bereits Treppenstufen, die Sie erklimmen müssen – insgesamt 64.

Oben angekommen, gelangen Sie auf einen Weg. Die Autobahn A59 liegt nun schräg unter Ihnen. Sie biegen rechts ab und gehen so hinauf zur Kuppe mit den roten Stelen. Auf der rechten Seite bietet sich ein imposanter Panoramablick über die Weiten der Industrieanlage. Auf der anderen Seite der Kuppe gehen Sie den geschotterten Weg dann wieder von der Halde herunter.

Linker Hand fällt noch ein markanter Wasserturm in den Blick. Der Weg hinunter beschreibt eine Rechtskurve. Sie laufen direkt auf eine kleine Brücke mit einem blauen Geländer zu und überqueren darauf einen kleinen, kanalisierten Fluss. Nach der Brücke gehen Sie über die Straße und geradeaus auf die bunkerartigen Gebäude zu.

Unmittelbar vor den Betonwänden wenden Sie sich auf den geschotterten Weg nach links. Rechts kommen nun die Kletteranlage des DAV und ein Spielplatz in den Blick – ein Hingucker ist dabei fraglos die spektakuläre Rutsche, die durch die dicken Betonwände hindurchgeht. Im Klettergarten fehlt sogar ein kleines Gipfelkreuz nicht.

Am Ende des Bunkerweges biegen Sie rechts ab und können noch einen Blick in weitere Kletterwände werfen. Dann werden die Schienen überquert und es geht geradeaus auf die eckigen Türme des Doppelkühlwerks zu. Rechter Hand liegt das Schalthaus Ost. An dem Doppelkühlwerk halten Sie sich halb rechts. Der Weg führt nun an einem Wasserbecken vorbei, das links liegt. Auf der linken Seite befinden sich hier auch öffentliche Toiletten.

Sie kommen noch am spektakulären ⌘ **Tauchgasometer** vorbei (rechts) und gelangen wieder zu Ihrem Ausgangspunkt zurück. Links liegt das Hüttenmagazin, ein altes Backsteingebäude, und davor finden sich zahlreiche Picknickplätze mit Bänken und Tischen. Vor Ihnen liegen die Schranke und die Emscherstraße und Ihr Startpunkt ist wieder erreicht.

☺ Es bietet sich an, ein wenig Zeit zur Erkundung des Geländes nach Abschluss der Wanderung einzuplanen – sei es, um den wagemutigen Kletterern auf der Anlage des Deutschen Alpenvereins dabei zuzusehen, wie sie sich an den alten Betonmauern abmühen, sei es, um die Kinder auf dem toll angelegten Spielplatz mit flotten Rutschen neben dem Kletterpark toben zu lassen, oder um coole Fotomotive aufzuspüren.

Auch Picknickplätze gibt es auf dem Areal mehr als genug und einer ist retro-romantischer als der andere. Ab der Dämmerung lohnt das Warten auf die tollen Lichtinstallationen, die die Türme und Industrieanlagen in eine ganz besondere Stimmung zu versetzen mögen. Ein Panoramablick bietet sich dem, der schwindelfrei ist und die Aussichtsplattform des ehemaligen Hochofens 5 erklimmt.

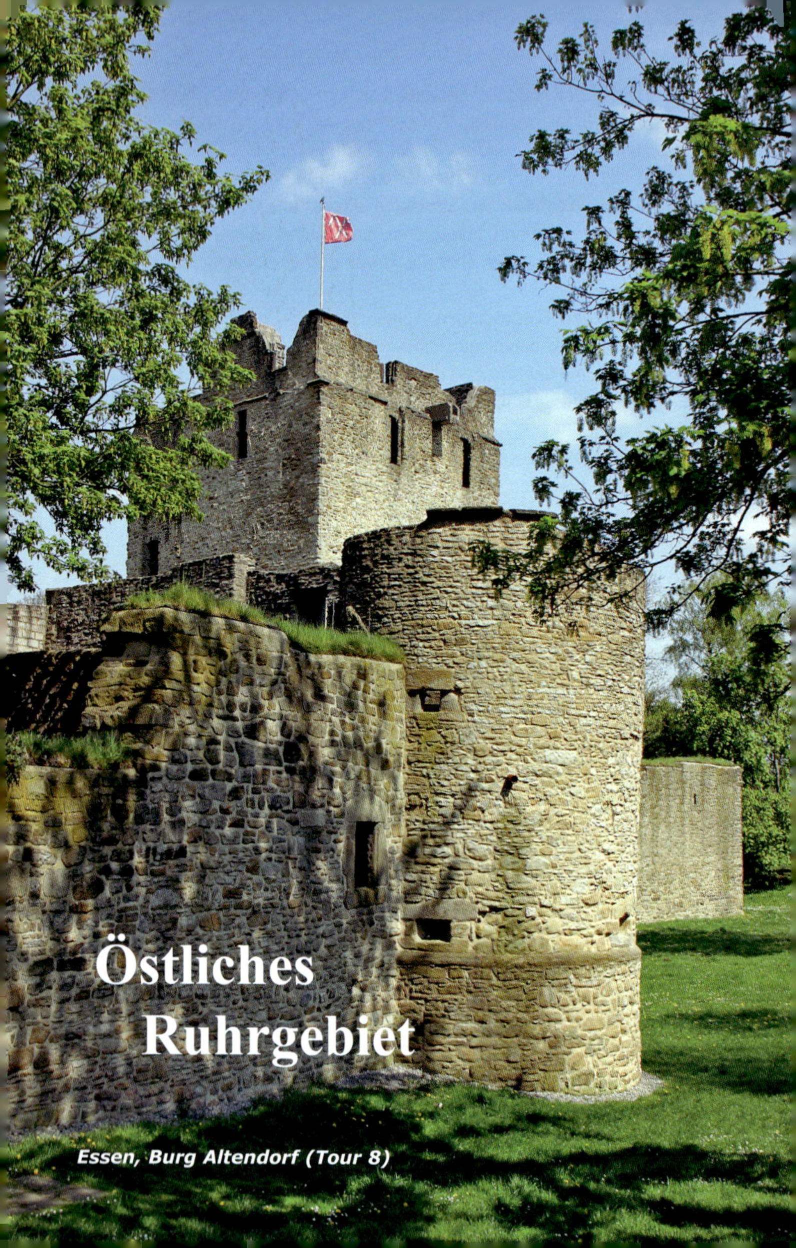

Östliches Ruhrgebiet

Essen, Burg Altendorf (Tour 8)

7 Essen-Kettwig – rund um Schloss Landsberg

Tour für Landschaftsgenießer und kulturgeschichtlich Interessierte

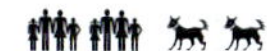

Gleich zwei Schlösser machen Ihnen bei dieser schönen Runde die Aufwartung. Das kleine, elegante Schloss Hugenpoet, das heute mit dem HUGENpöttchen ein schickes, preisgekröntes Restaurant beheimatet, und das große, verträumt und imposant wirkende Schloss Landsberg, das ganz versteckt im Wald liegt. Zweiteres lässt auf seinem Gelände und an seinen verspielten Brunnen viel Platz für Entdeckungen für Romantiker und fantasiebegabte kleine Ritter und Burgfräulein.

Der erste Teil der Tour führt zumeist durch offenes Gelände, der zweite durch schattige Wälder – ideal also für warme Sommertage, an denen man die Tour am Morgen startet. Im tiefen Wald geht es über Stock und Stein – ein Abenteuer für Kinder ab ca. sechs Jahren und alle, die trittfest sind. Die nahe gelegene Altstadt von Kettwig und der historische Stadtteil Vor der Brücke bieten als malerische Schmuckstücke an der Ruhr zahlreiche Einkehrmöglichkeiten nach Lust und Laune: Biergarten, Eiscafé, Tortenschlachten, Herzhaftes in gemütlichen Gaststuben – hier wird jeder Wanderer glücklich, satt und zufrieden.

Start/Ziel: August-Thyssen-Straße/Ecke Landsberger Straße in Essen-Kettwig, GPS N 51°21.550' E 006°55.313'

9,1 km

2 Std. 20 Min.

163 m/163 m

41-110 m

In weiten Teilen der Strecke gibt es keine einheitliche Markierung. Teilweise wird dem als A3 gekennzeichneten Weg gefolgt, in einigen Abschnitten dem A2.

mehrere Einkehrmöglichkeiten, z. B. HUGENpöttchen (km 1), Alte Fähre (km 2,5), Gallo Nero am alten Zollhaus (km 3,6)

zahlreiche Sitzbänke entlang der Tour

Ausgedehnte Waldgebiete zum Toben und ein herrliches Brunnenareal am Schloss Landsberg lassen Kinderherzen höher schlagen.

Die zum Teil sehr engen Trampelpfade machen das Mitführen eines Buggys fast unmöglich.

Der Weg ist absolut für Hunde geeignet – auch wenn es zwischendurch ein Stück durch den Kettwiger Stadtteil Vor der Brücke geht.

P An der Landsberger Straße besteht die Möglichkeit, kostenfrei am Straßenrand zu parken, ein Stück weiter an der August-Thyssen-Straße befindet sich zudem ein Wanderparkplatz.

Der Startpunkt ist nicht mit dem ÖPNV erreichbar. Sie können aber vom Hauptbahnhof Essen mit der S-Bahn S6 Richtung Köln-Nippes bis zum Haltepunkt Essen Kettwig Stausee fahren. Von dort sind es ca. fünf Gehminuten entlang der Werdener Straße. Wenn diese auf die Ringstraße trifft, kann man links in die Ringstraße abbiegen und so in die Tour einsteigen.

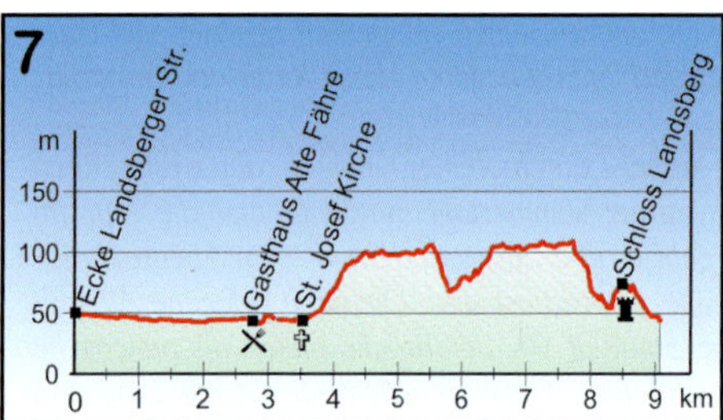

Startpunkt für diese schöne Tour ist die August-Thyssen-Straße, Ecke Landsberger Straße. Sie gehen zunächst die Landsberger Straße hinunter. Auf der linken Seite sind über ein großes Feld hinweg schon die Türme von Schloss Hugenpoet zu erkennen. Nach 170 m zweigt dann links zwischen den Feldern ein geschotterter Weg ab, in den Sie abbiegen. Auf der linken Seite fällt am Feldrand ein Fachwerkhaus in den Blick. Wenn der Weg sich vor einem Zaun gabelt, halten Sie sich rechts, das ist etwa nach 520 m Wegstrecke seit dem Startpunkt. Hier ist auch der Wanderweg A3 ausgeschildert.

Hinter dem Zaun liegt das Schloss Hugenpoet, das ein Sternerestaurant beheimatet. Wenn der Weg sich bei km 0,64 wieder gabelt, gehen Sie nach links und weiter am Zaun von Schloss Hugenpoet entlang. 300 m weiter biegen Sie dann vor einer großen Obstwiese rechts ab. Wer links abbiegt, gelangt zum Schloss Hugenpoet mit dem **HUGENpöttchen**.

Schloss Hugenpoet

Das seit 1985 denkmalgeschützte Wasserschloss liegt in unmittelbarer Nachbarschaft zum Schloss Landsberg an der August-Thyssen-Straße. Vor etwa einem halben Jahrhundert ist es zum Hotel umgebaut worden. Inzwischen ein Fünf-Sterne-Superior-Hotel, gehört Hugenpoet heute zu den „Leading Small Hotels of the World".

Für Gäste, die nicht übernachten möchten, lohnt sich ein Schlossbesuch allein wegen der ebenfalls hervorragenden Gastronomie im Restaurant HUGENpöttchen in der alten Schlossremise. Der Name Hugenpoet stammt übrigens von den Wörtern „Hugen", was „Kröten" bedeutet, und „poet", was für „Pfütze" steht. So verweist die Krötenpfütze auf die ehemals sumpfigen Auenlandschaften des Ruhrtals. Eine Kröte findet sich deshalb heute auch als Logo auf Prospekten und Speisekarten des Schlosshotels wieder.

Erstmals urkundlich erwähnt wurde der Standort des heutigen Wasserschlosses vor gut 1.200 Jahren im Jahr 778 als königliches Hofgut Karls des Großen.

HUGENpöttchen, August-Thyssen-Straße 51, 45219 Essen-Kettwig, ☏ 020 54/120 40, www.hugenpoet.de, täglich 12:00-23:00

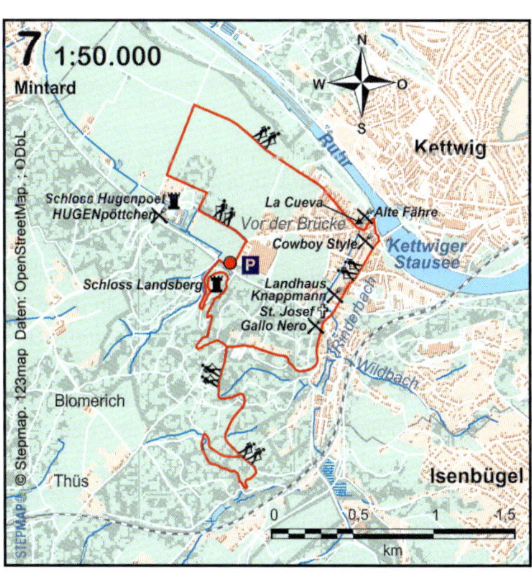

Um die hier beschriebene Wanderung fortzusetzen, gehen Sie weiter geradeaus, zwischen Feldern und Wiesen hindurch. Links ist die große Brücke über das Ruhrtal mit der Autobahn A52 in der Ferne zu erkennen und vor Ihnen liegt die Ruhr.

Wenn Sie bei km 1,4 vor einem Zaun auf eine T-Kreuzung treffen, biegen Sie rechts ab. Sie folgen dem breiten, geschotterten Weg Richtung Kettwig. Hier ist der Weg weiter als A3 ausgeschildert, wenngleich auch etwas versteckt auf einem Elektrokasten. Es geht geradeaus in den Kettwiger Stadtteil **Vor der Brücke**. Sie wandern an einem Gebäude der Wassergewinnungsgesellschaft RWW vorbei und weiter Richtung Vor der Brücke. Der Weg geht schließlich in eine Straße über und Sie folgen dieser weiter geradeaus (Mintarder Weg).

Entlang des Mintarder Wegs gibt es eine Reihe von hübschen Fachwerkhäusern, die zum Teil mehrere Hundert Jahre alt sind. Wenn die Straße sich gabelt, halten Sie sich links und folgen der Landsberger Straße (km 2,68). Linker Hand kommt die **Tapasbar La Cueva** in den Blick.

✕ La Cueva, Landsberger Straße 9, 45219 Essen, ☏ 020 54/48 73, Mo-Fr 16:00-22:00, Sa und So 11:30-22:00

Unmittelbar nach der Tapasbar, bei km 2,73, biegen Sie links in die Straße Zur alten Fähre ab. Diese bringt Sie nun direkt an das Hohe Ufer. Am Ende des Weges halten Sie sich rechts und gehen auf die Staustufe der Ruhr zu. Hier bietet sich ein toller Ausblick auf die Kettwiger Altstadt auf der gegenüberliegenden Uferseite. An dieser Ecke befindet sich mit dem ✕ **Restaurant Alte Fähre** auch eine weitere Einkehrmöglichkeit. Vor Ihnen liegt die Staustufe, dahinter kann man den **Kettwiger Stausee** erkennen.

✕ Restaurant Alte Fähre, Zur Alten Fähre 45, 45219 Essen, ☏ 020 54/865 12, www.alte-faehre.de, Di-Fr 11:30-14:30 und 17:30-23:00, Sa 12:00-23:00, So 12:00-22:00

Kettwiger Stausee

Er ist ein Paradies für Wochenendausflügler und Freizeitsportler, Treffpunkt für Familien, Tummelplatz für eine Vielzahl von Vögeln und Fischen sowie ein Eldorado für Wassersportler und Angler – der Kettwiger Stausee. Im Jahr 1950 konnte das künstlich aufgestaute Gewässer nach zehnjähriger Bauzeit als ein weiterer wichtiger wasserwirtschaftlicher Baustein an der Ruhr in Betrieb genommen werden. Mit einer Länge von 5,2 km, einer durchschnittlichen Breite von 130 m, einer Tiefe von 2,50 m sowie einer Oberfläche von knapp 55 ha und einem Stauvolumen von 1,42 Millionen m^3 ist der Kettwiger Stausee der kleinste der insgesamt sechs Ruhrseen. Das Aufstauen der Ruhr dient der Klärung des Wassers durch biologische Selbstreinigung. Gleichzeitig werden mittels des in der Staumauer integrierten Kraftwerks im Jahresmittel 16 Millionen kWh Strom erzeugt. Die Schleuse an der Wehranlage kann Schiffe bis zu einem Gewicht von 300 t befördern. Bei einer Stauhöhe von 6,2 m weist die Schleusenanlage eine Länge von 42,41 m und eine Breite von 6 m auf.

Direkt über den Pfeilern des Stauwehrs verläuft die viel befahrene Kettwiger Brücke, die das Kettwiger Zentrum mit dem Ortsteil Vor der Brücke verbindet.

Unmittelbar vor der Brücke über die Ruhr, bei km 2,69, gehen Sie rechter Hand die Treppenstufen hoch. Hier liegt auch das ✕ **Cowboy Style Steakhouse**.

✕ Cowboy Style Steakhouse, Landsberger Straße 2b, 45219 Essen, ☏ 020 54/969 84 19, www.cowboystyle-steakhouse.com, Di-Fr 11:30-15:00 und 17:00-24:00, Sa, So und Fei 17:00-24:00

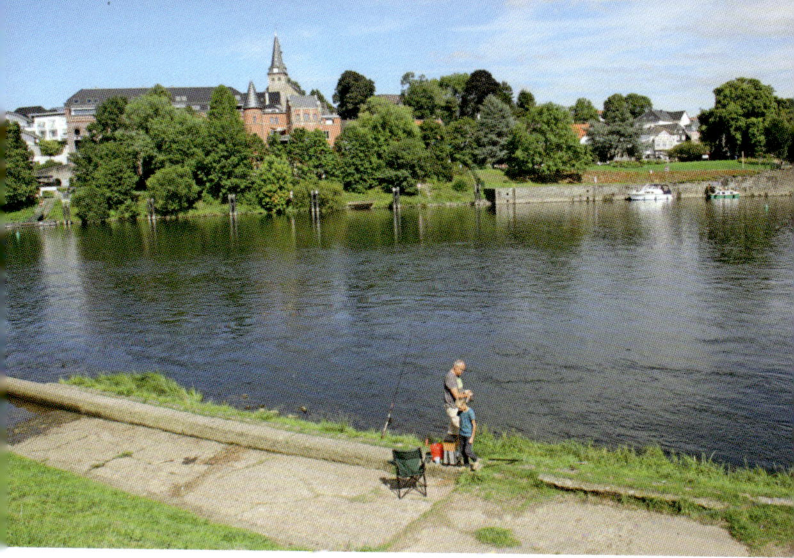

Kettwig

Oben angekommen, halten Sie sich auf dem Bürgersteig rechts und gehen durch den Stadtteil Vor der Brücke. Die Straße, an der Sie nun entlangwandern, ist die Ringstraße. Sie folgen ihr Richtung Heiligenhaus und Mülheim-Saarn. Auf der linken Seite kommen nun nebeneinander eine Eisdiele, eine Bäckerei und drei Discounter. Wer sich also noch für ein Picknick rüsten will, kann dies hier tun.

Es geht weiter geradeaus, folgen Sie dem Verlauf der Ringstraße. Auf der rechten Seite befindet sich nun mit dem ✕ **Landhaus Knappmann** die nächste Einkehrmöglichkeit.

✕ Landhaus Knappmann, Ringstraße 198, 45129 Essen, ☏ 020 54/78 09, www.landhaus-knappmann.de, Mo-Fr 16:00-24:00, Sa und So 12:00-24:00

Schräg gegenüber ist die katholische ✝ **Kirche Sankt Josef** zu sehen. Genau daneben liegt der ehemalige ⌘ **Mühlenhof** und auf der anderen Straßenseite ein schmuckes Fachwerkhaus aus dem Jahr 1417, in dem heute ein italienisches Restaurant zu finden ist.

Bei km 3,59 überqueren Sie die Ringstraße und auch die Heiligenhauser Straße und gehen halb links den Berg hoch, an dem italienischen Restaurant ✕ **Gallo Nero am alten Zollhaus** vorbei.

Gallo Nero am alten Zollhaus, August-Thyssen-Straße 1, 45219 Essen, 01 63/930 00 42, www.gallo-nero-kettwig.de, täglich 17:00-23:00, So und Fei 11:00-23:00

Die Straße, die Sie hinaufgehen, ist der Höseler Weg. Die Wanderroute ist hier als A2 bzw. A3 gekennzeichnet. Sie wandern weiter bergauf, Richtung Schloss Landsberg. Wenn der Weg sich gabelt und links der Weg A2 abbiegt, folgen Sie weiter der Markierung A3. Auch wenn an der nächsten Gabelung der Weg Sommersberg, eine Sackgasse, abzweigt, gehen Sie weiter bergauf. Die Straße führt Sie dann schließlich in den Wald hinein.

Wenn sich der Weg bei km 4,09 abermals gabelt, biegen Sie rechts ab. Für müde Wandererbeine steht hier genau an der Gabelung eine Bank, um sich auszuruhen, denn es geht noch ein Stückchen weiter bergan. Bei km 4,37 treffen Sie auf eine Straße, gegenüber ist ein Parkplatz (namens Breitscheider Berg). Hier halten Sie sich rechts. Links liegt ein Friedhof. Nun schließt sich ein Naturschutzgebiet an und Sie schreiten weiter durch den Wald.

Wenn Sie an eine Kreuzung kommen (km 4,35), wo links und rechts jeweils eine Schranke zu sehen ist, halten Sie sich links. (Wer sich die Schleife sparen will, die aber durchaus lohnenswert ist, geht hier an der Schranke rechts.) Der Weg ist weiter mit A3 ausgeschildert. Auf Schotter geht es nun durch ein herrliches Waldstück mit Brombeerbüschen, Holunderbüschen und jeder Menge Farnen. Wenn rechts ein Trampelpfad abzweigt, folgen Sie dem Weg weiter durch eine große Linkskurve. Hier kann der Untergrund nach Regenfällen schon mal etwas matschig sein. Während sich linker Hand vornehmlich Tannen in den Himmel recken, ist rechter Hand ein Mischwald zu sehen.

Gabelt sich der Weg dann bei km 4,99, halten Sie sich rechts. Hier befindet sich auch wieder eine Bank, die zur Rast einlädt. Sie folgen weiter der Ausschilderung A3, auch wenn links ein Weg abzweigt. Wenn Sie bei km 5,44 an eine Wegkreuzung mit einem Trampelpfad kommen, setzen Sie Ihren Weg geradeaus fort. Nachdem Sie auf dem schmaler werdenden Weg ein Stück bergab gegangen sind, biegen Sie ca. 200 m weiter (km 5,63) rechts ab, wenn der Trampelpfad sich gabelt. Es geht nun weiter leicht bergab auf einem schmalen Pfad durch den Wald. Ein Teil des Weges ist auch Teil des Fernwanderweges Neandertalsteig.

Nun kommen einige Naturstufen in Form von Baumwurzeln, die Ihnen das Hinabsteigen erleichtern. Nach Regenfällen kann es hier rutschig sein. Hin und wieder finden sich auch umgestürzte Bäume, über die es hinüberzusteigen gilt. Wenn Sie bei km 5,87 wieder auf einen Weg treffen, gehen Sie rechts weiter (nicht linksherum!). Auch dieses Teilstück kann äußerst schlammig sein. Nun steigt der Weg durch den Wald wieder langsam an. Bei km 5,79 überqueren Sie einen kleinen Bach und wandern weiter bergan.

Wenn der Weg sich 400 m weiter abermals gabelt, halten Sie sich rechts. Es geht nun zu einer Holzbrücke, die Sie über einen Bach hinüberführt. Direkt nach der Brücke geht es geradeaus den Berg hoch – hier kann es glatt sein. Wer dieses Teilstück umgehen möchte, wählt den Abzweig 20 m weiter. Sie gehen das steile Stück hinauf und dann sofort nach rechts. Der Weg durch den Wald steigt teilweise wieder recht steil an. Wenn Sie bei km 6,64 auf eine T-Kreuzung treffen, biegen Sie links ab. Nun wird der Weg wieder deutlich breiter. Bei km 7,08 biegen Sie vor einer Bank wieder links ab.

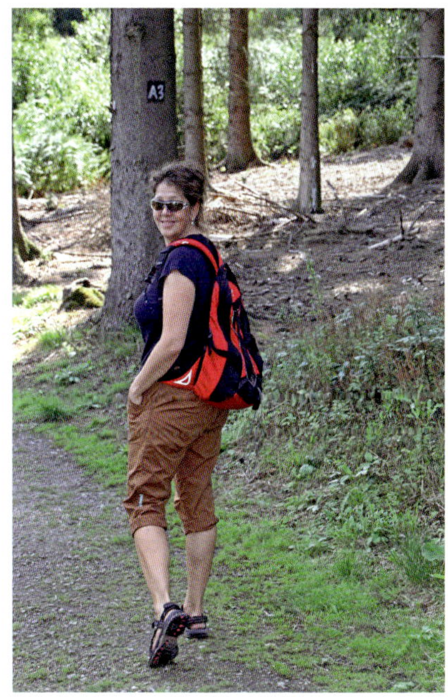

Wald bei Schloss Landsberg

Der Wanderweg führt auch hier wieder durch ein Waldstück hindurch. Nach 700 m (km 7,78) nehmen Sie den schmalen Weg, der rechts abgeht. Achtung! Dieser Abzweig ist leicht zu verpassen. Und es geht von hier steil hinunter. Es gilt, diesem engen Trampelpfad zu folgen, der Sie nun zum Schloss Landsberg bringt. Nach der ersten Biegung blitzen schon die Türme des Schlosses durch die Bäume auf. Der Pfad ist sehr schmal und von Brombeeren hoch umrankt, sodass hier etwas Umsicht geboten ist.

An der nächsten Gabelung, bei km 7,95, mitten im Wald, gehen Sie weiter geradeaus. Hier ist schon gut vernehmlich das Fließen eines kleinen Baches zu hören. An der nächsten Möglichkeit (bei km 8) biegen Sie dann links ab und folgen dem Trampelpfad bergab. Auch hier verwandelt sich der Weg nach Regen gern in eine kleine Matschpiste. Wenn Sie wieder auf einen Weg treffen, gehen Sie rechtsherum. Nun sind Sie direkt unterhalb von Schloss Landsberg und befinden sich an einem der Türme.

Schloss Landsberg

Schloss Landsberg liegt zwar auf dem Stadtgebiet von Ratingen, aber aufgrund der unmittelbaren Nähe wird es von vielen als zu Kettwig gehörend empfunden. Es steht mitten in einem romantisch verwilderten Landschaftspark. Das Schloss selbst kann nicht von innen besichtigt werden. Aber auch von außen betrachtet begeistern die Gebäude mit dem fast halbkreisförmigem Grundriss den Besucher – vor allem die in Richtung Nordwest zum Ruhrtal hin ausgerichtete, bis zu 13 m hohe Ringmauer aus Ruhrsandstein sowie der älteste erhaltene Teil der Burg, der mächtige, 33 m hohe Hauptturm aus dem Jahr 1380 und das danebenliegende, um 1666 von Arnold Friedrich von Landsberg erbaute Herrenhaus.

Ebenso beeindrucken die barocken Gartenanlagen mit meterhohen Buchsbäumen, der noch erhaltene südliche Teil des ursprünglichen Ziergartens, der Pavillon und der große Jugendstilbrunnen sowie der von August Thyssen erbaute Thron aus Stein.

Die fast 1.300-jährige Geschichte des heutigen Schlosses begann im frühen Mittelalter, als sich erstmals Menschen auf dem zum Ruhrtal steil abfallenden, etwa 65 m hohen Hügel des heutigen Schlosses Landsberg mit der ursprünglichen Bezeichnung Lando ansiedelten. Erstmals urkundlich erwähnt wurde Landsberg um 796 n. Chr. Etwa 400 Jahre später, zwischen 1276 und 1289, ließ Adolf V. Graf von Berg im Zusammenhang mit der Erhebung des Dorfes Ratingen zur Stadt Burg Landsberg erbauen.

Im Jahr 1903 erwarb der Industrielle und Gründer eines der größten Montankonzerne, August Thyssen, das Schloss einschließlich des umliegenden Waldgeländes und rettete es so vor dem Verfall. Damit hatte auch Thyssen – ähnlich wie der Industriebaron Alfred Krupp in Essen-Hügel – hoch über der Ruhr seine private Residenz. Trotz seines Reichtums wohnte der sparsame Thyssen dort recht bescheiden. Er starb mit 83 Jahren am 4. April 1926 und wurde im 33 m hohen Bergfried von Schloss Landsberg beigesetzt. Das Schloss mit seinen Liegenschaften wurde in eine Stiftung eingebracht.

Während des Zweiten Weltkriegs diente Schloss Landsberg als Sitz eines Planungsstabs der Kriegswirtschaft. Danach war es bis 1966 ein Kinder(erholungs)heim. Von 1967 bis 1984 nutzte der Gesamtverband der Evangelischen Kirchengemeinden Essen das Schloss als Freizeitheim und Begegnungsstätte. Seit 1989 dienen die Räumlichkeiten als Seminar- und Tagungsstätte der Mitarbeiter der Thyssen AG.

Sie queren den Bach, während vor Ihnen Teile des Schlosses durch die Bäume schimmern. Dann laufen Sie ein paar Steinstufen hinauf und folgen weiter dem Trampelpfad parallel zum Schloss. Dann gilt es, 13 Stufen wieder hinabzusteigen

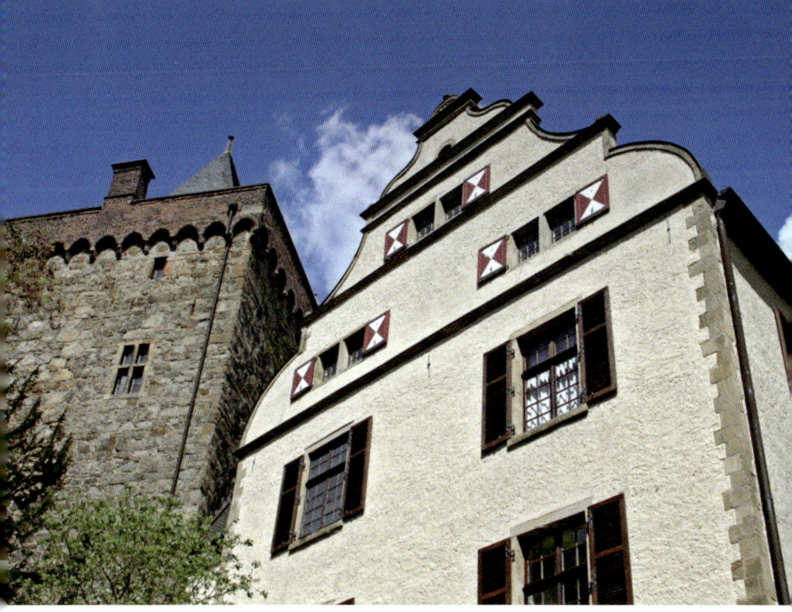

Schloss Landsberg

und weiter parallel zum Schloss zu gehen. Wenn bei km 8,29 direkt am Schloss ein Weg links abbiegt, überqueren Sie links noch einmal den Bach. Vor Ihnen kommen nun ein Teich und dahinter die viel befahrene Landstraße in den Blick, während Sie um den Schlossberg herumgehen. Bei km 8,35 sehen Sie linker Hand ein paar Stufen, diese gehen Sie hinauf. Sie folgen dem geschlängelten Waldweg und bewältigen 65 Stufen, die Sie direkt an die Mauer des Schlosses führen.

Sie gehen den Pfad an der Mauer entlang, um zum Eingang zu gelangen. Bald ist eine beeindruckende, frei zugängliche Brunnenanlage erreicht. Wenn Sie daran vorbeigegangen sind, laufen Sie rechts die Straße hinunter, wieder Richtung Ausgangspunkt Ihrer Wanderung. Es gilt, dem Kopfsteinpflasterpfad zu folgen, während rechter Hand noch einmal das Schloss zu sehen ist.

Sie sehen einen Bunker auf der rechten Seite und laufen auf das ehemalige Hauptportal zu. Bei km 8,97 treffen Sie auf die Landstraße, die August-Thyssen-Straße, hier biegen Sie rechts ab. Gegenüber liegt ein großer Wanderparkplatz. An der nächsten Möglichkeit biegen Sie wieder links in die Landsberger Straße ab, die zugleich Ihren Ausgangspunkt markiert.

8 Hattingen, Bochum, Essen – zwischen Eisenbahnmuseum und Burgaltendorf

Tour für Landschaftsgenießer, kulturgeschichtlich Interessierte und Familien

Eine echt runde Sache, diese Tour – und das nicht nur, weil es sich um einen Rundweg handelt. Die idyllische Flusslandschaft an der sacht dahinfließenden Ruhr, malerische Steige an und oberhalb des Ufers, ein uriges Fachwerkcafé und die abenteuerliche Ruine der Burg Altendorf werden durch mögliche Abstecher zum Eisenbahnmuseum Bochum-Dahlhausen und einen längeren Wegabschnitt zwischen Waldsaum und Sumpflandschaft ergänzt.

Start/Ziel: Parkplatz an der Straße Am Stade/Ecke Auf dem Stade in Hattingen, GPS N 51°25.251' E 007°08.770'

11,6 km

2 Std. 25 Min.

107 m/107 m

53-100 m

Für diese Rundtour gibt es kein einheitliches Wegzeichen. In kleinen Teilen weist die Kennzeichnung A3 den Weg.

Zum Ponton (50 m vom Start/Ziel), Gaststätte Haus Großjung (ca. km 4,5), Leinpfadoase (km 10,5)

zahlreiche Sitzbänke entlang der Tour

Stöckchen schwimmen lassen am Leinpfad und wild im Wald toben, in der Burgruine herumklettern und einen Abstecher ins Eisenbahnmuseum machen – das lässt Kinderaugen leuchten.

Gut ausgebaute Wege, keine Stufen und lediglich eine größere Steigung hoch nach Burgaltendorf machen den Weg buggytauglich.

Vor allem entlang der Ruhr finden Hunde reichlich Platz zum Auslauf.

Ein kostenfreier Parkplatz findet sich am Start/Ziel.

Vom Hauptbahnhof Bochum fahren Sie mit der S-Bahn-Linie 1 Richtung Solingen, steigen in Bochum-Wattenscheid-Höntrop aus und fahren von dort mit der Buslinie 390 weiter bis Bochum-Dahlhausen. Alternativ können Sie die Straßenbahnlinie 318 vom Hauptbahnhof bis Bochum-Dahlhausen nehmen. Von dort jeweils ca. zehn Gehminuten. Sie können auch einfach etwas später in die Tour einsteigen: Vom S-Bahnhof Dahlhausen gehen Sie geradeaus über den Otto-Wels-Platz. Dann biegen

Sie rechts in die Dr. C.-Otto-Straße ab, danach rechts in die Lewackerstraße und an der zweiten Möglichkeit rechts in die Ruhrmühle. Dieser Weg führt auf die beschriebene Tour.

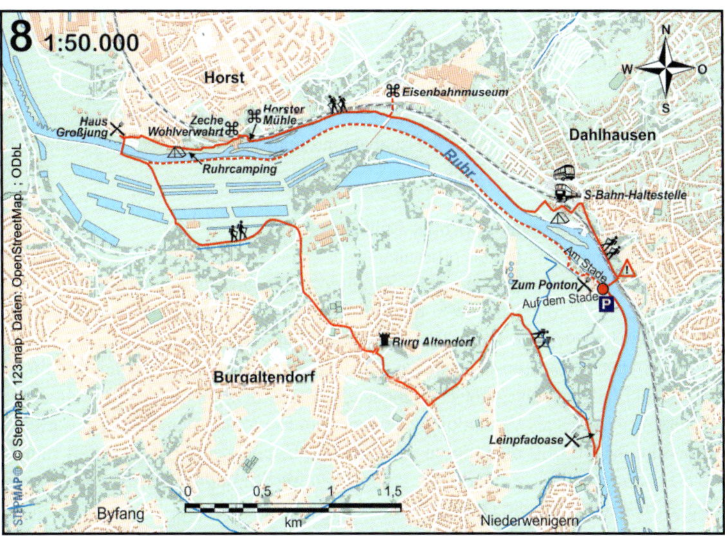

Startpunkt ist die Straßenecke Am Stade/Auf dem Stade direkt an der Ruhr. Sie gehen zunächst über die Ruhrbrücke hinüber. Linker Hand ist eine Staustufe der Ruhr zu sehen. Am Ende der Straße ist der Bochumer Stadtteil **Dahlhausen** erreicht. Sie biegen links ab und gehen ein Stück an der Straße, der Lewackerstraße, entlang. Achtung, kein Bürgersteig! Hier ist auch der Weg Richtung Südbad ausgeschildert.

Nach einem kurzen Stück gibt es dann rechts wieder einen schmalen Fußweg. Die Ruhr spaltet sich nach der Staustufe in zwei Arme und bildet eine kleine Insel. Am rechten Ufer liegt auch ein Campingplatz. Vor einem P Parkplatz biegen Sie dann links in die Straße Ruhrmühle ab, vor der Kreuzung mit der Ampel. Hier ist auch der Weg Richtung Restaurant Feuer und Flamme ausgeschildert. Der Weg steigt steil an und bringt Sie zu einer Brücke. Nach der Brücke halten Sie sich rechts. Linker Hand liegen nun der Campingplatz und das Areal eines Kanuclubs und direkt vor Ihnen der S-Bahnhof Dahlhausen.

Sie folgen der Straße, die hier komplett autofrei ist, Richtung Ruhr. An der ersten Möglichkeit, wenn der Weg sich vor einer großen Wiese gabelt, biegen Sie links ab, um direkt an das Ruhrufer zu gelangen. Dort halten Sie sich dann rechts und folgen dem Flusslauf. Dieser sich selbst erklärende Weg entlang des Ufers ist gepflastert und führt mit Wiesen zur Rechten und Wasser zur Linken auf eine Brücke zu. Zahllose Bänke laden entlang des Ufers zu einer Entspannungspause ein. Etwas gestört wird die Idylle entlang des Leinpfades nur durch die Hochspannungsleitungen, die hier verlaufen.

↳ Unmittelbar vor der Eisenbahnbrücke bietet sich die Möglichkeit, nach rechts abzubiegen, um zum ⌘ **Eisenbahnmuseum in Dahlhausen** zu gelangen, das in 400 m Entfernung liegt.

⌘ Eisenbahnmuseum Bochum-Dahlhausen

Das „Schweineschnäuzchen" übernimmt den Abhol- und Bringdienst. Passender könnte die Einstimmung kaum sein. Zumindest für echte Eisenbahnliebhaber und -nostalgiker. Allerdings nur an Sonn- und Feiertagen. Dann nämlich verbindet der eigentlich korrekterweise als „Wismarer Schienenbus T2" bezeichnete Zug den S-Bahn-Halt in Bochum-Dahlhausen mit dem gleichnamigen Eisenbahnmuseum.

Dabei fungiert das „Schweineschnäuzchen" aus dem Jahr 1936 im wahrsten Sinne des Wortes als Verbindung zwischen dem Heute und dem Gestern, warten doch im mit 46.000 m² größten privaten Eisenbahnmuseum Deutschlands rund 180 historische Fahrzeuge darauf, entdeckt zu werden und Erinnerungen an jene Tage zu wecken, als die Loks noch unter Dampf standen.

Das Museum bietet einen Überblick über die Entwicklung der Dampf-, Diesel- und Elektrotriebfahrzeuge sowie der Personen- und Güterwagen seit 1853. Neben den historischen Schienenfahrzeugen rücken vor allem ein 14-ständiger Lokschuppen, eine Drehscheibe mit 20 m Durchmesser, ein Wasserturm, eine Signalsammlung, eine Bekohlungsanlage, ein Wasserkran und ein Sandturm in den Fokus der Besucher. Führungen, Fahrzeugpräsentationen und vielfältige Mitfahrmöglichkeiten runden den Besuch in Dahlhausen ab. So werden Fahrten mit der Handhebeldraisine ebenso angeboten wie Ausflüge mit historischen Dampfzügen oder mit der schmalspurigen Feldbahn.

Dabei präsentiert sich das seit 1977 auf dem ehemaligen Betriebsgelände der Reichsbahn im Bochumer Stadtteil Dahlhausen untergebrachte Museum durchaus filmreif: 2003 diente es bei den Dreharbeiten für Sönke Wortmanns Kinohit „Das Wunder von Bern" als Kulisse.

♦ Eisenbahnmuseum Bochum-Dahlhausen, Dr.-C.-Otto-Straße 181, 44879 Bochum, ☏ 02 34/49 25 16, 💻 www.eisenbahnmuseum-bochum.de, 🚪 1. März bis 16. Nov Di-Fr sowie So und Fei 10:00-17:00, Eintritt: Erwachsene € 7,50, Kinder € 4

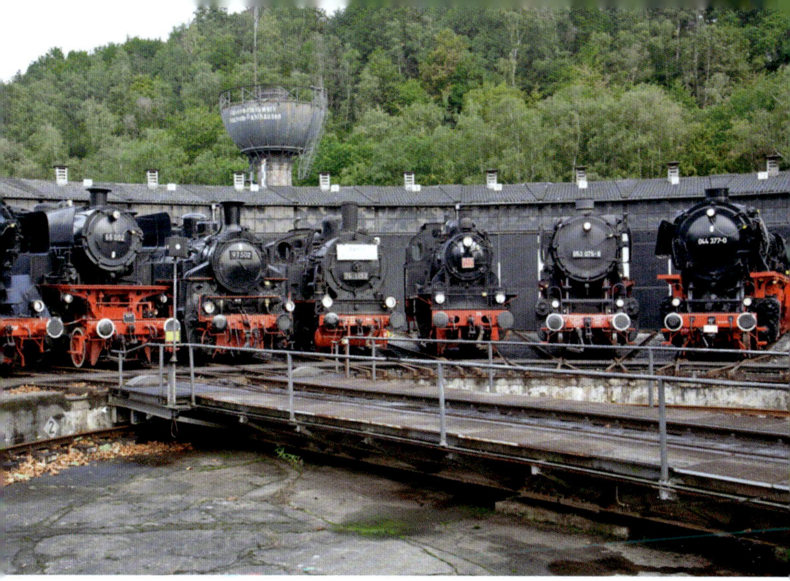

Eisenbahnmuseum Bochum-Dahlhausen

Mithilfe des Leinpfades und eines kleinen Fußgängertunnels unterqueren Sie die Eisenbahnbrücke. Nach dem Tunnel, wenn der Weg sich gabelt, halten Sie sich links, um weiter am Flussufer entlangzugehen. Nun wechselt auch der Untergrund, der Weg ist von nun zunächst geschottert, dann asphaltiert. Sie ignorieren alle Abzweige, die nach rechts führen, und gehen weiter am Flussufer entlang. Etwa bei km 3,4 ist auf der linken Seite die nächste Staustufe der Ruhr erreicht. Hier liegt mit der schmucken ⌘ **Horster Mühle** ein historisch bedeutsames Wasserkraftwerk.

⌘ Horster Mühle

Die Horster Mühle war eine der ältesten Essener Mühlenanlagen. Ihre Geschichte reicht bis in das 12. Jahrhundert zurück. Im 18. Jahrhundert wurde die Mühle, die ursprünglich einige Hundert Meter weiter flussaufwärts stand, nach dem Bau des Ruhrstauwerks ans Ufer nahe der Schleuse verlegt. 1910 übernahm der Fabrikant Wilhelm Vogelsang die Horster Mühle und baute sie zu einem Wasserkraftwerk und einer Karbidfabrik um. Es entstanden mehrere Fabrikgebäude in Backsteinarchitektur. Überragt wird das Gebäudeensemble noch heute durch einen hohen Schornstein mit dem Namenszug von Vogelsang.

Die Karbidproduktion endete 1932, das Kraftwerk blieb bis 1977 in Betrieb. 1985 ließ die Firma Rudolph als neue Eigentümerin vier neue Turbinen und Generatoren einbauen, um die Anlage wieder für die Stromgewinnung zu nutzen. Seit 1989 ist sie wieder in Betrieb.

Unmittelbar vor dem Wehr steigt der Weg leicht an. Sie unterqueren mithilfe eines Tunnels die S-Bahn-Linie. Vor ein paar grauen Häusern geht es dann links erneut durch den Bahntunnel. Die Straße ist die Antonienallee. Nach dem Tunnel folgen Sie der Straße rechts den kleinen steilen Anstieg hinauf. Vor Ihnen liegen die Gebäude der ehemaligen ⌘ **Zeche Wohlverwahrt**. Am Ende der Straße geht der Weg in einen schmalen Fußweg über und führt direkt am ehemaligen Zechengelände entlang.

⌘ Zeche Wohlverwahrt

Das ehemalige Bergwerk im Essener Stadtteil Horst wurde zwischen 1791 und 1962 zum Abbau von Steinkohle genutzt. Das noch heute erhaltene Zechengebäude, das direkt am Wanderweg liegt und alle Funktionen wie Schachthalle, Förderung, Wäsche, Brikettherstellung, Schmiede und Kaue in sich vereinigte, stammt aus dem Jahr 1910.

Zu Spitzenzeiten förderten rund 240 Kumpel hier jährlich bis zu 70.000 t des schwarzen Goldes ans Tageslicht. Heute ist das denkmalgeschützte Zechengebäude Sitz eines Tourenveranstalters.

Der schmale Weg verläuft jetzt weit oberhalb der Ruhr. Wenn der Weg sich kurz darauf gabelt, nehmen Sie den linken, der Sie wieder talwärts zur Ruhr führt. Sie treffen schließlich auf eine Straße, die In der Lake heißt. Vor Ihnen liegt ein ⛺ Campingplatz und Sie halten sich rechts.

☺ Der Campingplatz ist eine kleine Besonderheit, er heißt ⛺ **Ruhrcamping** (In der Lake 76, 45279 Essen, ☎ 01 78/156 39 10, 💻 www.ruhrcamping.de) und hier kann man im voll ausgestatteten Bauwagen direkt am Ufer der Ruhr übernachten. Die Übernachtung im „Mini-Hotel auf Rädern" kostet pro Nacht für zwei Personen zwischen € 40 und 70.

Kurz darauf passieren Sie das Vereinsheim des MTG Horst, eines Essener Sportvereins. Wenn Sie schließlich auf eine Gabelung treffen, wo rechts die Horster Straße abzweigt, gehen Sie nach links. Hier ist auch der Weg zur ✕ **Gaststätte Haus Großjung** ausgeschildert. Die Gaststätte in einem wunderschönen alten Fachwerkhaus ist schon zu erkennen, wenn Sie nun bergab der Straße folgen.

Linker Hand liegt wieder ein kleiner Campingplatz. Unmittelbar auf Höhe der Gaststätte gehen Sie dann links über die Ruhr hinüber.

Gaststätte Haus Großjung, In der Lake 20, 45279 Essen, ☏ 02 01/54 18 59, www.hausgrossjung.de, Di-Fr ab 15:00, Sa ab 12:00, So und Fei ab 11:00

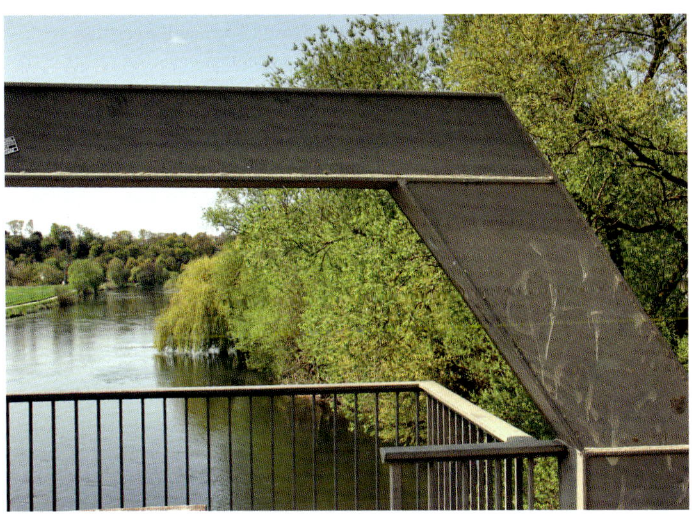

Horster Ruhrbrücke

Am Ende der Horster Fuß- und Radbrücke halten Sie sich links. Sie folgen nun wieder dem asphaltierten Leinpfad am Ruhrufer entlang. Wenn sich der Weg bei km 4,9 gabelt, verlassen Sie das Ruhrufer und halten sich rechts.

Wer möchte, kann die Wanderung auch abkürzen und von hier aus dem Leinpfad am Ufer entlang folgen. Sie erreichen dann nach 3,6 km wieder den Ausgangspunkt Ihrer Wanderung.

Sie folgen dem Weg, der hier auch als Radweg nach **Burgaltendorf** ausgeschildert ist, das in 2,2 km Entfernung liegt. Es geht nun durch ein Trinkwassergewinnungsgebiet mit riesigen Wiesen. Sie treffen auf die Holteyer Straße und biegen hier links ab. Wenn rechter Hand der Holteyer Hang abgeht, ignorieren Sie diesen und folgen weiter dem Verlauf der Straße. Es geht nun am Haupteingang der

Wassergewinnung Essen Burgaltendorf vorbei. Rechts liegt ein Waldstück. Sie folgen weiter dem Verlauf der Allee und erreichen bei km 6,3 **Altendorf (Ruhr)**.

Sie gehen am Raiffeisenmarkt vorbei und ignorieren alle Wanderzeichen nach links und auch das Schild Richtung Burgaltendorfer Kraftwerk. Ignorieren Sie an dieser leicht verwirrenden Kreuzung auch den Abzweig der Worringstraße nach rechts und folgen Sie weiter dem Verlauf der Holteyer Straße bergan. Entlang der wenig befahrenen Straße gibt es für ein Teilstück keinen Bürgersteig.

Etwa bei km 6,8, wenn rechts zwei Wanderwege abzweigen, ist rechts wieder ein Bürgersteig zu finden. Auf diesem gehen Sie nun weiter bergan. Sie passieren die Straße Auf dem Loh und folgen der Holteyer Straße. Unmittelbar nach dem Schulgelände, das auf der rechten Seite liegt, biegen Sie rechts in einen Fußweg ab. Das ist etwa bei km 7,2. Er bringt Sie schließlich zur Alten Hauptstraße in Burgaltendorf. Dort angekommen halten Sie sich links. Sodann überqueren Sie an der Ampel die Burgstraße, nach rechts. Sie gehen ein kleines Stück die Dumberger Straße entlang, um dann sofort links auf den Trampelpfad abzubiegen. Der Weg ist hier auch als A3 gekennzeichnet und bringt Sie direkt an die Burgruine der **Burg Altendorf**.

Burg Altendorf

Die Ruine der Burg Altendorf (Seite 56) liegt auf einer Höhe von 100 m über dem Meeresspiegel südlich der Ruhr im Essener Stadtteil Burgaltendorf – direkt an der Stadtgrenze zu Bochum und Hattingen. Die Anlage besteht aus einer Vorburg und einer Hauptburg mit gut erhaltenen Ringmauern. Die Gräben der einstigen Wasserburg sind heute versandet und mit Gras bewachsen.

Die Ursprünge des Bollwerks reichen bis in die zweite Hälfte des 12. Jahrhunderts zurück. Der Komplex wurde im Laufe der Jahrhunderte mehrfach in verschiedenen Stilen umgebaut. Der markanteste noch erhaltene Teil ist der Wohnturm, der mit einer Höhe von 21,7 m als der größte zwischen Rhein und Weser gilt.

Bis 1760 wurde das Gemäuer bewohnt. Danach setzte der Verfall ein, ehe zwischen 1954 und 1969 mit der Restaurierung begonnen wurde. Die Burganlage ist heute Eigentum der Stadt Essen.

Wer die 88 Stufen zur Aussichtsplattform des Wohnturms erklimmt, wird mit herrlichen Aussichten auf Bochum, Burgaltendorf und Teile von Hattingen belohnt.

♦ Heimat- und Burgverein Essen-Burgaltendorf e.V., Mühlenweg 33 c, 45289 Essen, ☏ 02 01/57 15 31, www.hv-burgaltendorf.de. Von Ende April bis Anfang Oktober ist der Turm an Samstagen, Sonn- und Feiertagen jeweils von 15:00 bis 17:00 geöffnet. Der Eintritt ist frei. Der Außenbereich kann jederzeit frei besichtigt werden.

Nach dem Abstecher zur Burg gehen Sie über den kleinen Trampelpfad wieder zurück Richtung Dumberger Straße. Sie laufen durch die Begrenzung der Burganlage und halten sich dann auf dem Trampelpfad vor dem Haus links. Sie wandern nun quasi ein Stück am Burggraben entlang und folgen dem Fußweg um die Bushaltestelle herum geradeaus. Nach der Zufahrt zur Bushaltestelle halten Sie sich wieder links und folgen dem Verlauf der Dumberger Straße. Sie passieren die Straße Haverkamp, die nach links abbiegt. Wenn der Weg sich gabelt – rechter Hand liegt das **Haus Rosenthal**, ein mit grünem Schiefer verkleidetes Haus –, nehmen Sie den linken Weg talwärts. Das ist etwa bei km 8,08.

Vor dem letzten Haus der kleinen Stichstraße schwenkt der Weg nach links und geht in einen Fußweg über. Der Trampelpfad führt nun durch ein kleines, schönes Waldstück und bringt Sie dann aus dem Wald hinaus wieder auf eine kleine asphaltierte Straße. Sie treffen auf eine Wegkreuzung und gehen hier weiter geradeaus. Die Straße heißt Steinkohlenplatz. Schließlich erreichen Sie eine weitere Kreuzung. Hier überqueren Sie die Straße nach rechts und gehen in die Straße Am Kempel hinein (km 9,06). Hier sind dann auch der Weg nach Hattingen und eine Hochwasserumfahrung für Radfahrer ausgeschildert.

Sie folgen nun der ruhigen Anliegerstraße mit Feldern zur Linken. Der Weg bringt Sie wieder aus dem Waldstück hinaus, dann zu einem ⛺ Campingplatz zur Linken. Bei km 10,22 biegen Sie links ab, dort ist auch „Am Kempel 23" ausgeschildert. Der Weg führt Sie an der anderen Seite des Campingplatzes vorbei aufs Ruhrufer zu. Nun folgen Sie dem Leinpfad, der malerisch am Ruhrufer entlang verläuft. Direkt am Ufer liegt auch die ✕ **Leinpfadoase**, eine Einkehrmöglichkeit.

✕ Leinpfadoase, Am Kempel 23, 45529 Hattingen, ☏ 023 24/424 40, 💻 www.leinpfadoase.de, 🚪 1. Mai bis 30. Sep Sa und So ab 11:00

Sie folgen nun dem asphaltierten Leinpfad, der Sie wieder an die Dahlhauser Brücke bringt. Unmittelbar vor Erreichen der Ruhrbrücke passieren Sie Dieckmanns Hof, in dessen Garten einige bergbauhistorische Geräte stehen. Bei km 11,47 ist dann der Ausgangspunkt wieder erreicht.

☺ Knapp 50 m weiter geradeaus gibt es noch eine Einkehrmöglichkeit mit großem Biergarten, die Gaststätte ✕ **Zum Ponton** (Am Stade 6, 45529 Hattingen, ☏ 023 24/425 55, 💻 www.zumponton.de, 🚪 März-Okt Mo-Fr 12:00-22:00, Sa und So 10:00-22:00)

9 Bochum – rund um die Stiepeler Dorfkirche

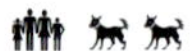

Tour für Landschaftsgenießer

Ein Startpunkt wie aus dem Bilderbuch: Die über 1.000 Jahre alte ***Stiepeler*** *Dorfkirche liegt malerisch auf einer kleinen Anhöhe und wird von beeindruckenden Grabsteinen umringt, die nachts eine prima Dracula-Kulisse abgeben könnten.*

Ab hier führt die Tour hinab zur naturbelassenen Ruhr, auf den Leinpfad mit Blick zur beeindruckenden Burg Blankenstein hinüber und bis zur Blankensteiner Schleuse. Diese ist Teil der Route der Industriekultur. Ab der Staustufe geht es langsam bergan. Von den bewaldeten Hügeln aus hat man einen herrlichen Panoramablick über das Ruhrtal und den Bochumer Stadtteil Stiepel. Dann wandern Sie im weiten Bogen vorbei an Reiterhöfen zurück zum Ausgangspunkt. Die schmucke Kirche von Stiepel bildet dabei immer wieder einen hübschen Hingucker und guten Orientierungspunkt.

- Start/Ziel: Stiepeler Dorfkirche, Brockhauser Straße, Bochum, GPS N 51°24.983' E 007°14.099'
- 5,7 km
- 1 Std. 20 Min.
- 134 m/134 m
- 68-176 m
- In weiten Teilen der Strecke gibt es keine einheitliche Markierung. Abschnittsweise ist die Tour mit einem weißen Kreis auf schwarzem Grund gekennzeichnet.
- Restaurant Seitenblick am Start/Ziel, Zur alten Fähre (ca. km 1,4), Reiterhof (km 5,3)
- zahlreiche Sitzbänke im ersten Drittel der Tour
- Kinder können am Leinpfad Stöckchen schwimmen lassen und wild im Wald toben.
- Aufgrund der zum Teil sehr steilen Steigungen und eines engen, steilen Stücks mit Trampelpfad ist die Tour nicht mit dem Buggy machbar.
- Der Weg ist durchaus für Hunde geeignet – vor allem entlang der Ruhr und im Waldstück. Im letzten Drittel geht es allerdings vorwiegend über Straßen.
- P Ein kostenfreier Parkplatz findet sich u.a. am Restaurant Seitenblick, unterhalb der Stiepeler Straße an der Gräfin-Imma-Straße.
- ab Hauptbahnhof mit der Buslinie CE31 (Richtung Hattingen) oder der Buslinie 356 (Richtung Bochum Haarstraße) bis zur Haltestelle Ministerstraße, von dort ca. fünf Gehminuten

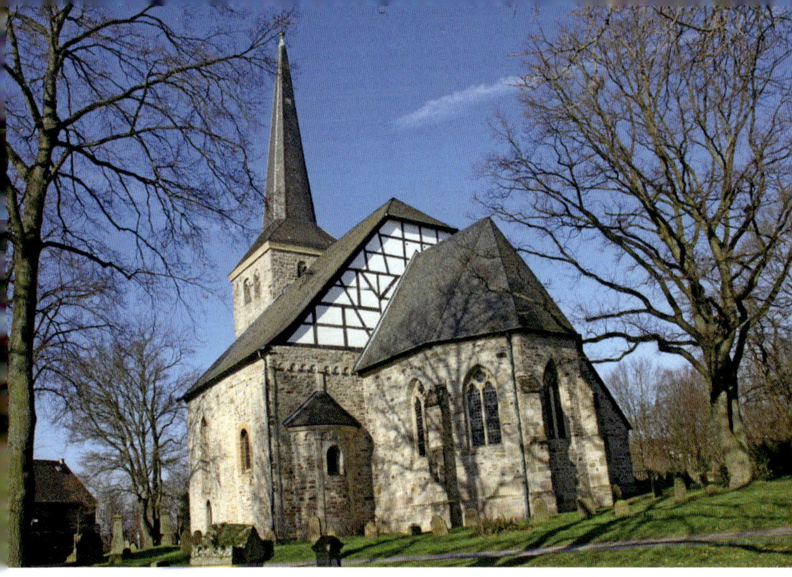

Stiepeler Dorfkirche

Den Startpunkt bildet das historische Eingangsportal an der ✞ Stiepeler Dorfkirche, von dem aus es mit einem kleinen Anstieg zum Gotteshaus geht.

✞ Stiepeler Dorfkirche

Das malerische evangelische Gotteshaus im Süden Bochums hat es zu einiger Berühmtheit gebracht: Im Jahr 2008 brachte die Deutsche Bundespost eine Sonderbriefmarke zum 1.000-jährigen Bestehen der Dorfkirche heraus.

Das kleine Gebäude ist ein echtes Kulturdenkmal, zählt es doch zu den ältesten noch erhaltenen Bauwerken in Bochum überhaupt. Die Wahl des Bauplatzes zeugt von Weitsicht: Mit 110 m über Normalnull liegt die Kirche rund 30 m über der Talsohle und ist bis nach Hattingen gut sichtbar.

Die aus dem Mittelalter stammenden Wandmalereien haben landesweite Bedeutung. Im unter Denkmalschutz stehenden Kirchhof lassen sich 72 imposante Grabsteine zählen, die wie das Kirchengebäude aus Ruhrsandstein gefertigt wurden. Nicht nur Kinder werden staunen, wenn sie herausfinden, dass die ältesten Grabsteine mehr als 400 Jahre auf dem Buckel haben ...

♦ Stiepeler Dorfkirche, Evangelische Kirchengemeinde Stiepel, Brockhauser Straße 72a, 44797 Bochum, ☏ 02 34/79 13 37, 💻 www.dorfkirche-bochum-stiepel.de

Von hier aus wandern Sie zunächst zur Brockhauser Straße – die Kirche und den Rundbogen im Rücken geht es ein paar Stufen hinunter. **Rechts liegt das Restaurant Seitenblick.**

Restaurant Seitenblick, Gräfin-Imma-Straße 212, 44797 Bochum, 02 34/91 79 41 26, kontakt@seitenblick-bochum.de, www.seitenblick-bochum.de, Mi-Fr 15:00-22:00, Sa, So und Fei 10:00-22:00

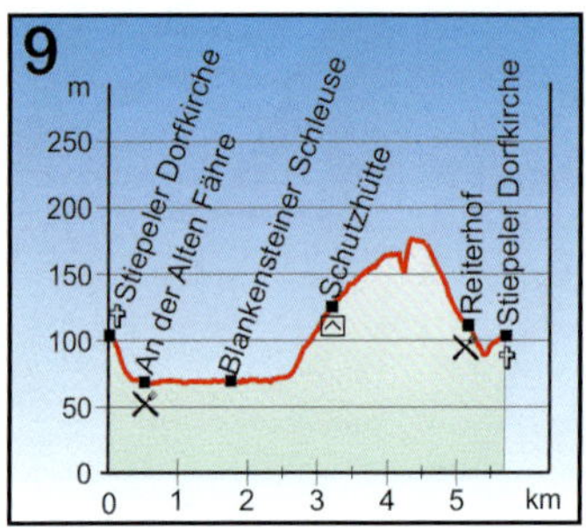

Wenn Sie auf die Brockhauser Straße treffen, gehen Sie rechts bergab. An der ersten Möglichkeit halten Sie sich links, dort ist auch der Weg zum Restaurant Zur alten Fähre ausgeschildert. Hier können Sie wahlweise auf einer betonierten, sehr wenig befahrenen, schmalen Straße oder rechts daneben auf einem mit Kopfsteinpflaster belegten Fußweg gehen.

Auf der rechten Seite liegt hier etwas unterhalb ein Campingplatz, der zum Clubgelände Freie Sportgemeinschaft 2006 e.V. gehört. Nach dem ersten Campingwagen kommt zwischen den Bäumen das erste Mal die imposante Burg Blankenstein hoch auf dem Felsen in den Blick – und wenig später auch die darunter fließende Ruhr.

Direkt nach einem kleinen Parkplatz biegen zwei Wege rechts ab. Nehmen Sie den, der „Zur alten Fähre" ausgeschildert ist, also den zweiten. Sie passieren das Bootshaus des Wassersportvereins Bochum. Direkt angrenzend befindet sich rechts das **Restaurant Zur alten Fähre**. Der Biergarten des Restaurants liegt am Ufer der Ruhr und lädt zu einer kleinen Pause ein – auch wenn die fraglos noch deutlich zu früh kommen dürfte.

Restaurant Zur alten Fähre, An der alten Fähre, 44797 Bochum, 02 34/79 11 60, www.zur-alten-faehre.de, Mo 12:00-18:00 (bei schlechter Wetterprognose geschlossen), Mi-So 12:00-21:00

Wenn Sie die Terrasse des Restaurants erreicht haben, biegen Sie rechts auf den **Leinpfad** am Ufer der Ruhr ab. Von hier sind es bis zur alten Ruhrschleuse 1,6 km. Nach wenigen Metern informiert eine Tafel über die ökologische Wassergewinnung an der Ruhr. An der rechten Seite liegt nun eine Trinkwassergewinnungsanlage.

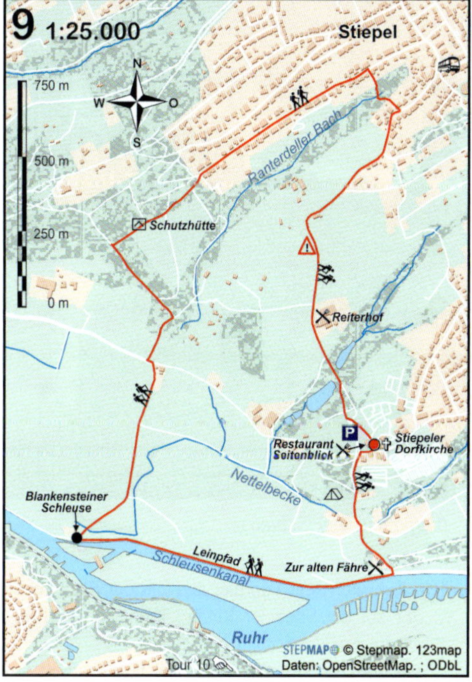

Auf dem mit buckeligem Kopfsteinpflaster ausstaffierten Weg fällt es nicht schwer, sich vorzustellen, wie in früheren Tagen hier die Pferde entlanggestapft sind, um Boote zu ziehen. Ihr Weg setzt sich unmittelbar an der Ruhr fort, rechts liegt die große Wiese der Trinkwassergewinnungsanlage.

Das Schöne an diesem Wegabschnitt ist, dass er sehr ländlich ist, obwohl man sich mitten im Ruhrgebiet befindet – zudem sind hier weder Auto- noch Fluglärm zu vernehmen und nur wenige Spaziergänger unterwegs, von Rädern kaum eine Spur.

Nach insgesamt knapp 850 m spaltet sich die Ruhr in zwei Arme. Der rechte ist relativ ruhig, der linke hat einige Staustufen und kommt mit seinen kleinen „Niagarafällen" recht wild daher. Der rechte Arm wurde als Kanal angelegt, um hier die Schifffahrt zu ermöglichen, und führt direkt zur Schleuse.

Entlang des Leinpfades laden ein paar ⩩ Sitzbänke dazu ein, sich niederzulassen und die herrliche Idylle am Ruhrufer zu genießen.

Auf der rechten Seite fallen immer wieder das Trinkwassergewinnungsgebiet sowie die hübsche Dorfkirche von Stiepel in den Blick. Wenn Sie sich der Schleuse nähern, können Sie in den Flussauen große Vogelschwärme, z. B. Gänse oder Enten, beobachten. Bei km 1,76 ist dann die schmale **Blankensteiner Schleuse** erreicht.

Sie biegen an dem Haus an der Schleuse rechts ab und folgen dem schmalen, asphaltierten Sträßchen. Dieses ist kaum befahren und führt von der Schleuse und

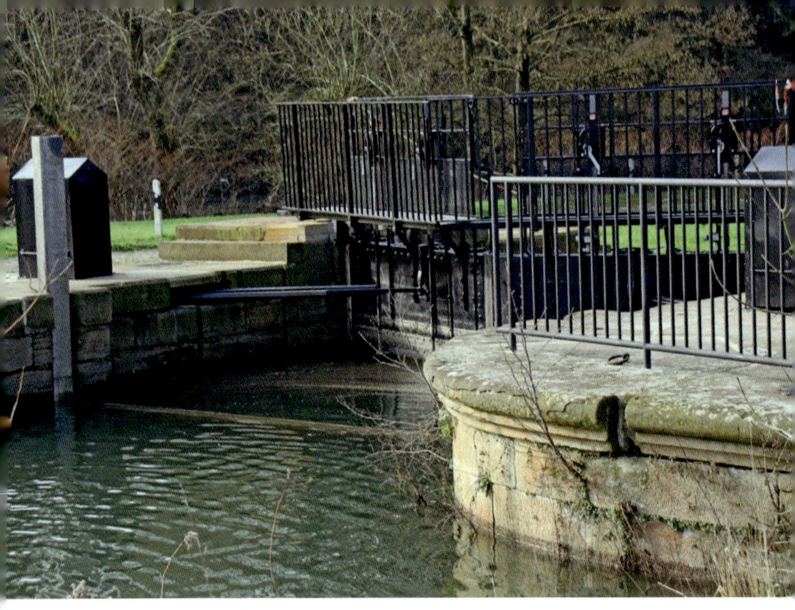

Blankensteiner Schleuse

dem Ruhrufer weg. Von hier aus fällt der Blick über die weiten Wiesen und Auen wieder auf die Stiepeler Kirche. Wenn ein Radweg abzweigt, gehen Sie weiter durch die Auenlandschaft geradeaus.

Sie treffen schließlich auf die Brockhauser Straße. Diese überqueren Sie geradeaus, schräg links gegenüber liegt ein schmaler Weg, der hinaufführt. Diesen gehen Sie hoch. Es handelt sich um eine Anliegerstraße, die als Wanderweg ✎ mit einem weißen Kreis auf schwarzem Grund ausgeschildert ist. Links des Weges plätschert ein idyllisches Bächlein durch die Baumlandschaft.

Der Weg steigt leicht an, während Sie der Anliegerstraße weiter folgen. Wenn sich der Weg bei km 2,77 gabelt, gehen Sie nach links und wandern auf dem ausgeschilderten Fußgängerweg weiter. Linker Hand liegt ein Haus mit weißem Kellergeschoss und holzvertäfeltem Obergeschoss. An diesem gehen Sie rechts vorbei, weiter bergan. Der grob geschotterte Weg führt Sie nun in einen Wald hinein. Es bieten sich nach links herrliche Panoramablicke auf die Weiten der Ruhrauen.

Der Weg ist immer noch mit dem Wanderzeichen (weißer Kreis auf schwarzem Grund) ausgeschildert. Unterhalb des weiter leicht ansteigenden Weges liegt ein Reiterhof. Bei einer leichten Gabelung im Wald bei km 3,12 halten Sie sich rechts und folgen dem runden Wanderzeichen. Der Wanderweg steigt weiter leicht an und führt an den Rand eines Feldes, das rechts liegt. Der Rundblick von hier hinab erinnert eher an das Sauerland als an das Ruhrgebiet – alles ist grün und still.

Wenn sich an einer ⌂ Schutzhütte bei km 3,36 der Weg gabelt, nehmen Sie den rechten – auch hier folgen Sie der Markierung mit dem weißen Kreis. Der Weg führt Sie schließlich wieder auf Häuser zu. Dann stoßen Sie an eine Straße namens Pastoratsbusch und biegen dort rechts ab. Nun folgen Sie dem Verlauf der Straße, vorbei an einer Reihe von schmucken Einfamilienhäusern.

Die Straße steigt leicht an. Von hier eröffnen sich ein weiter Blick auf die Stiepeler Dorfkirche und die Burg Blankenstein. Bei Haus Nr. 25 (km 4,28) gehen Sie rechts in einen schmalen Fußweg, den man leicht übersehen kann. Der Weg ist wild überwuchert, führt erst steil hinunter und dann an der gegenüberliegenden Seite wieder steil hinauf. ✋ Nach Regenfällen kann es hier rutschig sein. Sie überqueren den kleinen Ranterdeller Bach und gehen wieder bergauf.

Ein steiler Anstieg bringt Sie hinauf zur Gräfin-Imma-Straße. Wenn Sie die Straße bei km 4,47 erreicht haben, halten Sie sich rechts und folgen dem Verlauf dieser Straße. ✋ Achtung, in einigen Teilen gibt es hier leider keinen Bürgersteig – aber auch sehr wenig Verkehr.

Über die Felder eröffnet sich wieder herrliche Blicke über die Weiten des Ruhrtals. Der Weg führt Sie nun wieder bergab Richtung Stiepeler Dorfkirche. Während Sie entlang der Straße weiter talwärts gehen, fällt links die kleine Kirche als Orientierungspunkt am Horizont in den Blick. Bei schönem Wetter und guter Sicht kann man direkt daneben am Horizont die Blankensteiner Burg (☞ Tour 10) entdecken.

Bei km 5,3 liegt linker Hand ein Reiterhof mit einer Gaststätte namens ✗ **Reiterhof** und einem Biergarten. Beides steht auch für Nicht-Reiter offen. Der Weg entlang der Gräfin-Imma-Straße führt zwischen zwei Teichen hindurch und steigt wieder leicht an. Sie wählen den Trampelpfad, der rechts neben der Straße verläuft. Der Weg entfernt sich wieder ein wenig von der Straße, führt durch ein kleines Waldstück hindurch und steigt erneut leicht an.

Einen Abzweig rechts ignorieren Sie und wandern weiter geradeaus über eine Wiese Richtung Straße. Wenn linker Hand ein Parkplatz kommt, überqueren Sie die Straße und gehen quer über den Parkplatz, auf die Kirche zu. Zwischen Kirche und dem Restaurant Seitenblick laufen Sie den kleinen Anstieg hinauf, um wieder zum historischen Eingangsportal der Kirche zu gelangen, wo die Wanderung endet.

10 Hattingen – zwischen Haus Kemnade und Burg Blankenstein

Tour für Landschaftsgenießer, kulturgeschichtlich Interessierte und Familien

Diese Tour besticht durch ihre abwechslungsreiche Wegführung – und hat es unter die Lieblingstouren des Autorengespanns geschafft. Es geht auf kleinen Trampelpfaden durch dichten Laubwald, auf verschlungenen Pfaden durch Ilexhaine, bergauf, bergab, über Brücken und Bächlein und fast genau in der Mitte der Tour wartet die bildhübsche Burg Blankenstein darauf, von großen und kleinen Wanderern erkundet zu werden. Nach der Turmbesteigung mit Ausblick über ein Rehgehege, Fachwerkromantik und das weite Ruhrtal lockt die Burgmauer zu einem Rundgang und bietet herrlich verwegene Picknickplätze an. Unterwegs laden außerdem zwei tolle Einkehrmöglichkeiten zum Waffelessen ein.

Start/Ziel: Parkplatz am Haus Kemnade, An der Kemnade 10, Hattingen, GPS N 51°24.506' E 007°14.999'

10,5 km

2 Std. 15 Min.

305 m/305 m

71-206 m

Für die Rundstrecke gibt es keine einheitliche Kennzeichnung. In weiten Teilen weist die Markierung A2 den Weg.

Restaurant Burg Blankenstein (ca. km 4), Krans im Katzenstein (km 8,2)

zahlreiche Sitzbänke entlang der Tour

Vor allem die Burgruine in Blankenstein, auf deren Mauern es sich herrlich herumklettern lässt, und die zum Teil abenteuerlichen Wege dürften Kindern gefallen.

Einige Passagen sind mit dem Buggy nur mit großer Mühe zu bewältigen.

Der Weg ist für Hunde geeignet – auch wenn es zwischendurch immer mal wieder kurz an Straßen entlanggeht.

P Ein kostenfreier Parkplatz findet sich direkt am Start/Ziel.

vom S-Bahn-Halt Hattingen-Mitte mit der Buslinie CE31 Richtung Bochum Hauptbahnhof bis zur Haltestelle Haus Kemnade

Wenn Sie sich auf dem P Parkplatz des ⌘ **Haus Kemnade** umdrehen, können Sie auf dem Hügel hinter sich bereits die **Burg Blankenstein** erkennen und sich schon einmal auf ein attraktives Etappenziel freuen.

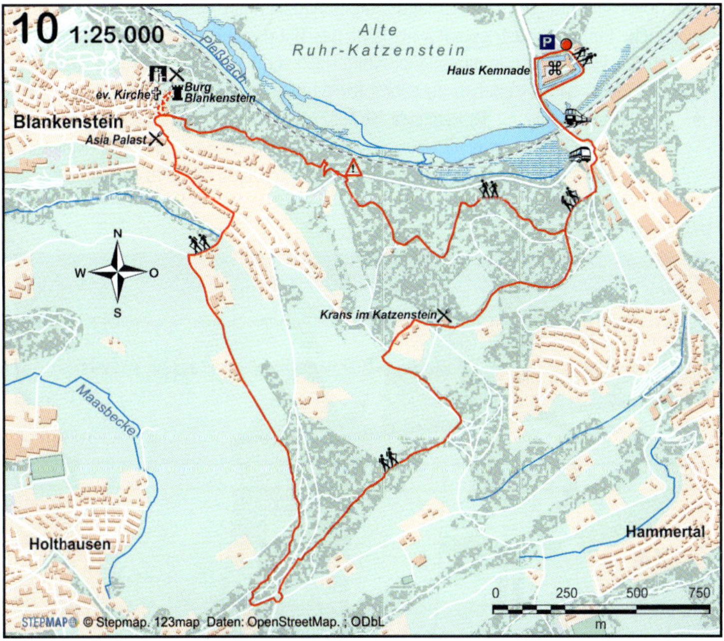

10 1:25.000

Alte Ruhr-Katzenstein

Haus Kemnade

Pleßbach

ev. Kirche

Burg Blankenstein

Blankenstein

Asia Palast

Krans im Katzenstein

Maasbecke

Holthausen

Hammertal

0 250 500 750 m

STEPMAP © Stepmap. 123map Daten: OpenStreetMap. ; ODbL

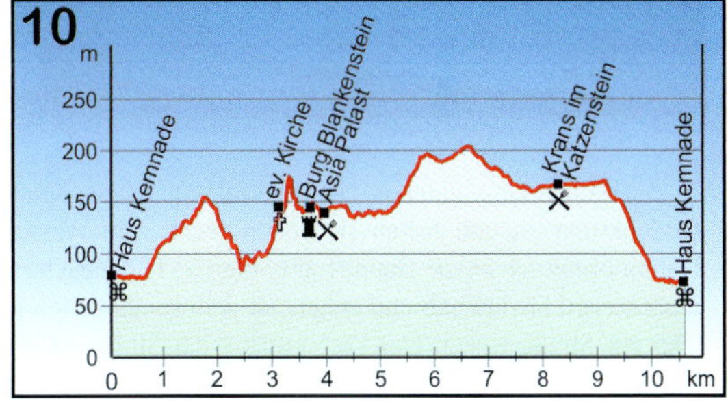

⌘ Haus Kemnade

Instrumente sowie Spieluhren aus aller Welt und mehreren Jahrhunderten umfasst die Musikinstrumentensammlung der Eheleute Grumbt in der Wasserburg Haus Kemnade. In den ehemaligen Stallungen befindet sich außerdem eine der größten

Spardosensammlungen Deutschlands: die Schatzkammer Kemnade. Dass Hattingen nicht immer Industriestadt war, lässt das Bauernhausmuseum erahnen, das östlich der Wasserburg in einem Vierständerfachwerkhaus untergebracht ist: Bäuerliches Gerät ist hier ebenso zu sehen wie Möbel des 16. bis 18. Jahrhunderts.

♦ Haus Kemnade, An der Kemnade 10, 45527 Hattingen, ☏ 023 24/79 79 42, fv-hauskemnade.de, Haus Kemnade: Mai-Okt Do-So 12:00-18:00, Nov-April Do-So 11:00-17:00, Bauernhausmuseum: Mai-Okt Do-So 12:00-18:00, Eintritt frei

Hattingen, Haus Kemnade

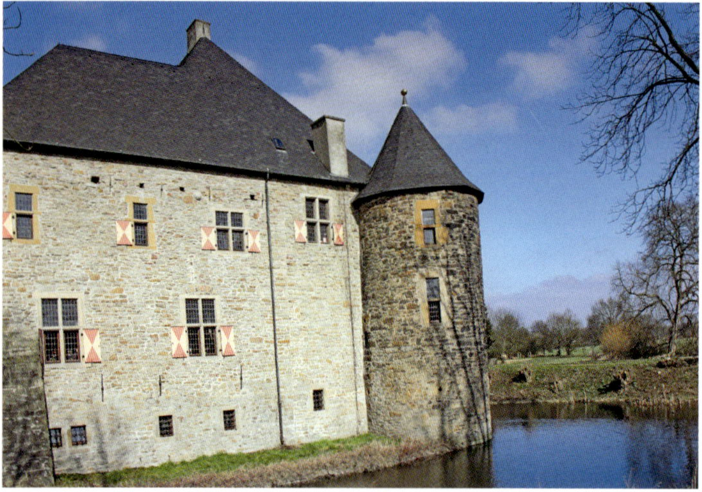

Sie gehen am hinteren Hauptportal von Haus Kemnade vorbei auf den Gedenkstein zu und halten sich dann rechts, am Wassergraben entlang. Der Damm bringt Sie an die Hauptstraße, die L551, die auch An der Kemnade heißt. Dort biegen Sie links ab und gehen auf dem kombinierten Fuß- und Radweg parallel zur Straße weiter. Der Weg entlang der Straße ist als ✎ A1 bzw. als A2 markiert.

Sie überqueren die Eisenbahnschienen und laufen geradeaus auf die Ampel zu. Dort gehen Sie geradeaus über die Straße, wechseln noch einmal die Straßenseite und wenden sich dann nach links. Unmittelbar vor der Bushaltestelle wandern Sie rechts den Weg hoch. Er beschreibt zunächst einen Linksbogen und steigt steil an. Die Straße, die Sie hinaufgehen, heißt Im Katzenstein.

Der Weg führt in ein Waldgebiet hinein, Sie folgen der asphaltierten Straße für ein Stück. Ignorieren Sie den ersten Abzweig nach rechts und gehen Sie weiter geradeaus. Bei km 0,98 führt die Straße nach links weg. Vor Ihnen liegen zwei Wanderwege, nehmen Sie den rechten, also den unteren der Wege, der auch als ✎ A1 und A2 und als Rundweg ausgeschildert ist.

Sie folgen dem schön angelegten Waldweg, dessen Untergrund nach Regenfällen etwas rutschig sein kann. Gestört wird die Idylle hier nur ein wenig durch die Geräusche der unterhalb verlaufenden Straße. Rechter Hand eröffnen sich immer wieder herrliche Blicke durch den Wald über das weite **Ruhrtal**.

Der Weg entfernt sich etwas von der Straße und führt über ein paar Anstiege durch den wunderbar dichten Wald. Bei km 1,65 treffen Sie auf eine T-Kreuzung im Wald, hier gehen Sie nach rechts. 140 m weiter kommen Sie an die nächste Gabelung, Sie halten sich hier wieder rechts und folgen dem Weg A2. An der darauffolgenden Kreuzung wenden Sie sich dann sofort wieder nach rechts. Nun geht es leicht bergab.

Bei km 1,92 steht schließlich eine Bank und dahinter sieht man die Staustufe am **Kemnader See**. An der nächsten Bank kann man gleichzeitig auch noch das Haus Kemnade erblicken. Das ist bei km 1,99. Nun bringt Sie der Weg mit jedem Schritt näher an die unter Ihnen liegende Wittener Straße heran, während es bergab geht. Bei km 2,19 treffen Sie wieder auf eine T-Kreuzung, hier gehen Sie rechts den Weg hinunter zur Wittener Straße. Sie folgen den Treppenstufen bis an die Straße. ✋ Achtung! Sie ist stark befahren.

Sie überqueren die Straße in Richtung der gegenüberliegenden Bushaltestelle und folgen dort dem Trampelpfad, der auch wieder als A2 ausgeschildert ist. Durch die Bäume erhascht man herrliche Ausblicke über die Ruhr. Der Waldweg führt Sie nun zunächst steil in Bögen hinunter durch den Wald und schließlich über einen Bach hinüber. Sie folgen dabei weiter der Beschilderung A2.

Nachdem Sie den Bach überquert haben, steigt der Weg wieder steil an. Wenn rechter Hand an einem Berghang die ⌘ Burg Blankenstein erscheint, geht es wieder steil bergauf. Sie folgen dem Verlauf der nun asphaltierten Straße, die Im Tünken heißt.

↳ Wenn rechter Hand Treppenstufen zur Kirche hinaufführen und der Weg A2 nach links ausgeschildert ist, machen Sie einen kleinen Abstecher und gehen hinauf. 35 Stufen bringen Sie an die ✝ **Evangelische Kirche zu Blankenstein**. Die ältesten Teile des Bauwerks stammen aus dem Jahr 1767. Unmittelbar am Ende der Treppe gehen Sie nach rechts, am Seitenschiff der Kirche entlang. Der Weg führt Sie direkt auf das Portal der Burg Blankenstein zu. Nun geht es durch das imposante Tor in den Innenhof der Burg.

Burg Blankenstein

Im Inneren der Burg, deren Geschichte bis in das 13. Jahrhundert zurückreicht, ist heute ein Restaurant beheimatet, in dem unter anderem Ritteressen und Singlepartys stattfinden. Seit den letzten Renovierungsarbeiten ist der Turm der Burg, die einst eine der vier Hauptburgen der Grafen von der Mark war, wieder begehbar. Von oben bietet sich ein toller Rundblick auf den historischen Ortskern von Blankenstein und über das Ruhrtal.

Die Außenbesichtigung der Burganlage ist jederzeit möglich, der Innenhof und die Burggebäude können nur zu den Öffnungszeiten des **Restaurants Burg Blankenstein** besucht werden.

Burg Blankenstein, Burgstraße, 45527 Hattingen, ☎ 023 24/332 31, info@burgblankenstein.de, www.burgblankenstein.de, Mo-Fr ab 18:00, Sa ab 14:00, So ab 11:00

☺ Direkt nach dem Tor geht es links die Treppe zum Turm hinauf. Wer die 142 Stufen erklimmt (Eintritt frei), wird mit einem tollen Ausblick über Rehgehege und Ruhrtal belohnt. Von der Burgruine bietet sich auch ein schöner Ausblick Richtung Bochum-Stiepel, dessen Kirche Ausgangspunkt für eine weitere schöne Wanderung in diesem Buch ist (☞ Tour 9).

Von der Burg laufen Sie zurück Richtung Kirche, um dann links die Stufen wieder hinunterzugehen.

Am Fuß der Treppe nehmen Sie die Wanderung wieder auf und folgen der Beschilderung A2. Dafür gehen Sie nach links, die Straße leicht bergauf. Wenn die Straße Im Tünken auf die Wittener Straße trifft, gehen Sie zunächst nach links. Auf Höhe des Parkplatzes des mongolischen Restaurants **Asia Palast** überqueren Sie die Straße. Das ist etwa nach 50 m.

Asia Palast, Wittener Straße 8, 45527 Hattingen, ☎ 023 24/68 79 89, täglich 12:00-14:30 und 17:00-22:00

Sie gehen auf den Parkplatz des Restaurants und nach links den Trampelpfad hinauf. Hier finden Sie weiter die Markierung A2. Wenn Sie wieder auf eine Straße (Sprockhöveler Straße) treffen, halten Sie sich links. Sie folgen ein Stück dem Verlauf der Straße auf dem Bürgersteig. Es geht an einigen schmucken Einfamilienhäusern vorbei, bevor Sie dann rechts in die Einbahnstraße Auf Drenhausen abbiegen.

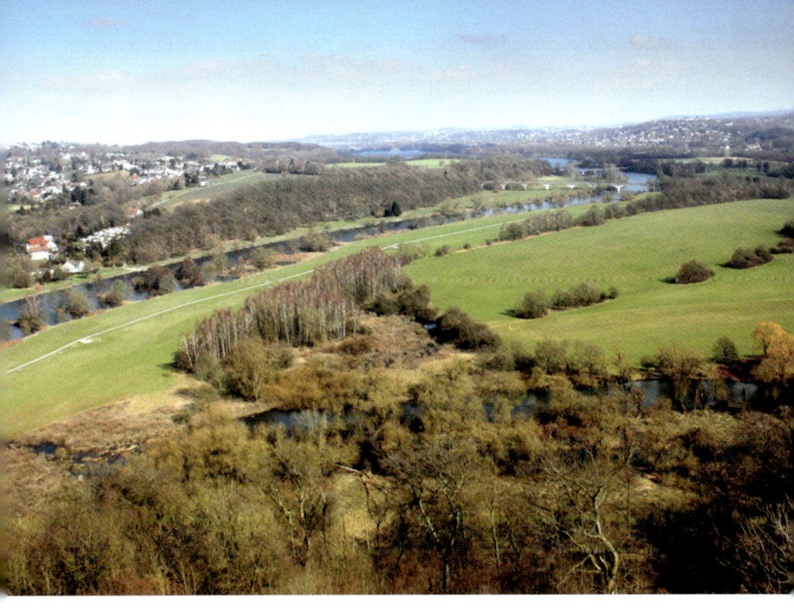

Blick von Burg Blankenstein

Sie ignorieren den ersten Abzweig nach links und gehen geradeaus auf die Garagen zu. Folgen Sie dem Verlauf der Straße an den Garagen vorbei. Nach dem Haus mit der Nummer 2, wenn Sie an ein Feld kommen, biegen Sie links ab. Die Straße heißt weiter Auf Drenhausen und Sie folgen weiter der ✎ Beschilderung A2 bzw. XR. Es geht nun an einem Bauernhof vorbei und weiter die wenig befahrene Straße entlang.

Wenn Sie eine T-Kreuzung erreichen, setzen Sie Ihren Weg geradeaus fort und gehen in den Wald hinein. Sie folgen dem Trampelpfad bergauf, den Wald zur Linken, Felder zur Rechten, mit herrlichen Blicken über Hattingen. Einen links abzweigenden Weg – an einem Baum ist hier ein A2-Schild angebracht – ignorieren Sie bitte. Diese Kennzeichnung ist für Leute bestimmt, die den Weg andersherum laufen. Sie wandern weiter den Weg hoch.

Wenn Sie am Ende des Feldes auf eine Trampelpfadkreuzung treffen, gehen Sie weiter geradeaus und folgen dem A2. Der enger werdende Weg schlängelt sich ein wenig verwirrend durch den Wald. Sie kommen schließlich an die Zuwegung für das Haus an der Holthauser Straße Nr. 51. Hier wandern Sie links hinunter. Sie überqueren die Straße und halten sich dann links, wandern auf den Kreisverkehr zu.

Dort biegen Sie links ab. Es ist Richtung Welper und Blankenstein ausgeschildert. Sie folgen dem Trampelpfad rechts neben der Straße. Die Straße, an der Sie entlanggehen, ist die Sprockhöveler Straße. Nach etwa 150 m laufen Sie rechts in den Wald hinein und wandern den kleinen Anstieg hinauf. Hier ist auch wieder eine A2-Beschilderung zu finden. Wenn der Weg sich an einem Feld gabelt und Sie an ein Feld kommen, gehen Sie links an dessen Rand entlang. Auf der linken Seite ist wieder der Turm der Burg Blankenstein zu erkennen.

Der Weg am Rand des Feldes entlang knickt schließlich nach links ab und Sie folgen ihm. Sie schwenken rechts in den Wald und laufen parallel zum Feld durch den Wald weiter. Der Weg bringt Sie dann wieder an den Rand des Feldes und Sie folgen diesem weiter. Kurz darauf zweigt der Weg wieder in den Wald ab und setzt sich als Trampelpfad fort. Aus dem Waldstück hinaus geht es auf eine Wiese am Rande des Feldes und Sie folgen dem Trampelpfad.

Unmittelbar vor ein paar Schrebergärten gehen Sie dann nach rechts auf das Haus zu, das auf der rechten Seite liegt. Sie gehen daran vorbei und weiter, bis Sie auf die Straße treffen. Dies ist der Röhrkenweg. Wenn der Weg sich gabelt und der Röhrkenweg nach rechts abzweigt, gehen Sie nach links in die Straße Im Katzenstein. Hier liegt dann auch links das Restaurant ✕ **Krans im Katzenstein.**

✕ Krans im Katzenstein, Im Katzenstein 12, 45527 Hattingen, ☏ 023 24/312 09, www.krans-im-katzenstein.de, Mi-Sa ab 15:00, So und Fei ab 11:00

Sie folgen nun der Straße Im Katzenstein talwärts. Auf diesem Streckenabschnitt ist, wie auch zuvor im Wald, besonders viel Ilex, jenes markante Stechpalmengrün, zu sehen. An der ersten Gabelung im Wald gehen Sie weiter geradeaus und talwärts. Der Weg ist nun mit A1 ausgeschildert. Am Ende der Straße Im Katzenstein biegen Sie links ab, gehen bis zur Ampel und dann rechts hinüber. In Höhe der Aral-Tankstelle überqueren Sie dann abermals die Straße an einer Ampel. Sie setzen Ihren Weg geradeaus bis zum Haus Kemnade fort, passieren den Eingang zur Wasserburg und biegen dann an der nächsten Möglichkeit rechts auf den P Parkplatz ab. Damit ist wieder der Ausgangspunkt der Rundwanderung erreicht.

11 Witten – Bergbaugeschichte auf Schritt und Tritt

Tour für Landschaftsgenießer, kultur- und industriegeschichtlich Interessierte und Familien

9 km Bergbaugeschichte auf Schritt und Tritt. Denkmal an Denkmal. Eine malerische ***Museumseisenbahn****, eine Burgruine. Dazwischen herrlichste Wälder und weite Wiesen mit Blick auf die blaue Ruhr. Schmale Wege, die an plätschernden Bächlein entlangführen. Eine verträumte Burgruine, Einsamkeit, dann wieder Cafés, ein Grubenrad, mit dem man Runden drehen kann, und frisch geräucherte Forellen ab Teich – was verlangt der Wanderer mehr?*

Start/Ziel: Parkplatz an der Nachtigallstraße in Witten-Bommern, GPS N 51°25.650' E 007°19.665'

9,1 km

1 Std. 40 Min.

143 m/143 m

73-186 m

Grüne Schilder mit schwarzer Aufschrift (mit den Namen der einzelnen Stationen des Bergbaurundwegs) weisen den Weg.

Café am Bethaus der Bergleute (km 2,5), Gaststätte Zur alten Tür (ca. km 5)

zahlreiche Sitzbänke entlang der Tour

Jede Menge Bergbaugeschichte zum Anfassen und Klettern, dazu eine Burgruine und ein paar historische Züge lassen Kinderaugen leuchten.

Trotz einiger steiler Passagen relativ gut mit dem Buggy zu bewältigen.

Hunde genießen hier jede Menge Wald und Auslauf.

P Ein kostenfreier Parkplatz findet sich am Start/Ziel.

Vom Bahnhof Witten fahren Sie mit der Buslinie 378 Richtung Castrop Münsterplatz. An der Haltestelle Husemannstraße steigen Sie in die Buslinie 379 Richtung Witten Bommeraner Heide um. Von der Haltestelle Nachtigallstraße in Witten-Bommern sind es ca. fünf Gehminuten.

Bergbaurundweg Muttental

Kaum vorstellbar, dass in diesem stillen Seitental der Ruhr mit seinen Wäldern und Feldern einst über 60 Kleinzechen in Betrieb waren. Über 30 Stationen – Stollenmundlöcher, Betriebsgebäude und Fördergerüste – dokumentieren die Entwicklungsstufen des Steinkohlebergbaus, säumen den 9 km langen Rundweg und laden zu einer Zeitreise durch 450 Jahre Ruhrbergbau ein. Im ehemaligen Bethaus der Bergleute dokumentiert eine Ausstellung Arbeit und Leben der „Kumpel" vor der Zeit der Großzechen und Riesenfördertürme.

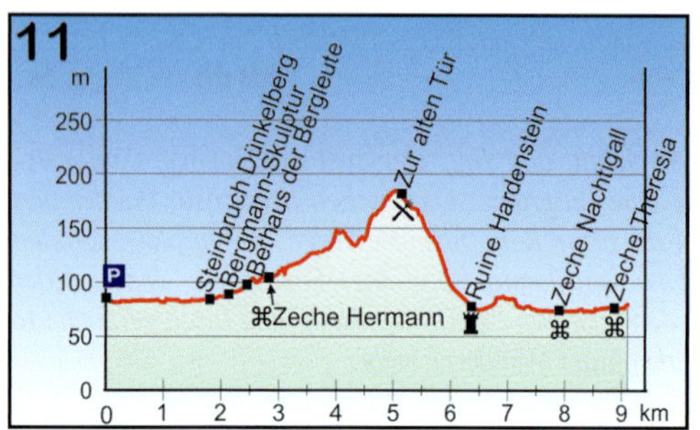

Startpunkt für den **Bergbaurundweg** ist der P Parkplatz Nachtigallstraße an der Bahnhaltestelle. Von dort gehen Sie Richtung Nachtigallstraße und dann rechts, leicht talwärts. Die Straße ist hier schwach befahren, linker Hand gibt es zudem einen Bürgersteig. Nach knapp 100 m ist links der frühere Eingang zum **Südflügel des Stollens Braunschweig** zu sehen. Sie überqueren ein paar Bahnschienen und vor Ihnen liegt das Gelände des ⌘ **Gruben- und Feldbahnmuseums Zeche Theresia**.

⌘ Gruben- und Feldbahnmuseum Zeche Theresia

Das technische Museum auf dem Gelände der 1892 stillgelegten Zeche Theresia präsentiert seit dem Jahr 2002 eine Reihe von Schienenfahrzeugen, die im Bergbau eingesetzt wurden. Die stattliche Sammlung zählt mehr als 200 Waggons und mehr als 90 Lokomotiven, die von der Arbeitsgemeinschaft Muttenthalbahn liebevoll restauriert und instand gesetzt werden. Regelmäßig werden auch Ausflugsfahrten angeboten.

♦ Gruben- und Feldbahnmuseum Zeche Theresia, Nachtigallstraße 27-33, 58452 Witten, ☎ 01 77/493 85 04, info@muttenthalbahn.de, www.muttenthalbahn.org, Ostern-Oktober jeden 1. und 3. Sonntag im Monat zwischen 11:00 und 18:00, Eintritt frei

An der nächsten Möglichkeit halten Sie sich links und laufen parallel zum Zaun des Museumsgeländes. Hier ist auch ein Fußweg Richtung Muttental und Zeche Nachtigall ausgeschildert. Links oberhalb des Freigeländes liegt das ♜ **Schloss Steinhausen**. Sie folgen nun der asphaltierten Straße mit der Bahnlinie zur Rechten. Nach ein paar Häusern geht der Weg in einen geschotterten Wanderweg über. Nach knapp 800 m Gesamtwegstrecke schwenkt er nach rechts. Sie überqueren die Bahnschienen und folgen dem Weg nun linksherum durch ein Wald-

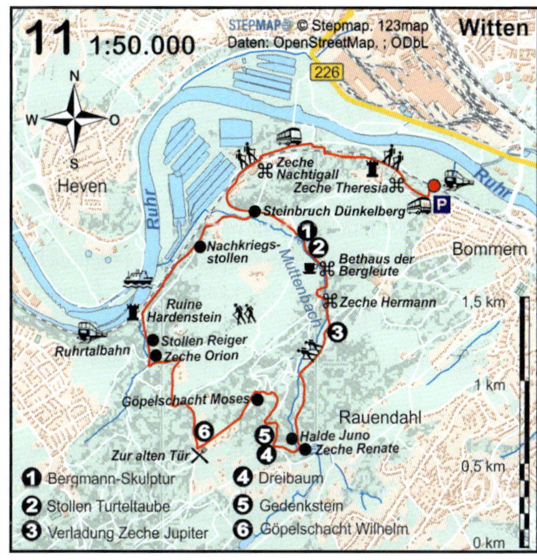

stück. Der Weg führt aus dem Wald heraus, Sie treffen auf eine Straße, überqueren diese und gehen dann links auf dem Fußweg weiter. Das ist etwa nach 930 m.

Wenn rechts ein Weg abzweigt, laufen Sie weiter parallel zur Straße geradeaus. Hier ist auch der Radweg zur Zeche Nachtigall ausgeschildert, die in 300 m Entfernung liegt, aber durch die Bäume bereits gut zu erkennen ist. Direkt am **⌘ LWL-Museum Zeche Nachtigall** knickt die Straße nach links ab. Sie überqueren die Schienen und gehen dann rechtsherum, der Straße weiter folgend. Hier ist auch der Radweg Richtung Muttental ausgeschildert.

⌘ LWL-Industriemuseum Zeche Nachtigall

Das Westfälische Landesmuseum für Industriekultur informiert auf Zeche Nachtigall über die Entwicklung des Bergbaus im Ruhrtal. Höhepunkt des Besuches ist ein Gang durch den Nachtigallstollen, wo Museumsgäste – ausgerüstet mit Fahrmantel, Helm und Lampe – zu einem echten Steinkohleflöz vorstoßen. Sie erleben die Arbeitsbedingungen im Kohlebergbau vergangener Tage.

Vor dem Stolleneingang zeigt „Zeche Eimerweise" mit einer rekonstruierten Schachtanlage den Kleinbergbau nach 1945. An Bord eines 35 m langen, eichenen Segelschiffs, einer sogenannten Ruhraak, wird die Geschichte des Schiffsbaus und der Kohlenschifffahrt auf der Ruhr wieder lebendig.

♦ LWL-Industriemuseum Zeche Nachtigall, Nachtigallstraße 35, 58452 Witten,
☎ 023 02/93 66 40, ✉ zeche-nachtigall@lwl.org, 💻 www.zeche-nachtigall.de,
🚪 Di-So sowie Fei 11:00-18:00, Eintritt: Erwachsene € 3, ermäßigt € 2, Kinder € 1,50

Mit den Schienen zur Rechten gehen Sie nun weiter über die wenig befahrene Straße. Sie folgen ihrem Verlauf, vorbei an einigen Wohnhäusern zur Linken. Die

Straße heißt Muttentalstraße. Rechter Hand ist über die Schienen die Ruhr sehr gut zu erkennen. Sie passieren das Ortsausgangsschild von Witten und folgen dem Schild Richtung Vormholz. Wenn rechts ein Privatweg abzweigt, die Straße Auf der Marta, liegt linker Hand der Zugang zum **Steinbruch Dünkelberg**.

Sie folgen dem Weg, der hier Richtung Bethaus ausgeschildert ist, weiter geradeaus. Er steigt nun leicht an, während rechts große Wiesen liegen. Wenn rechts die Berghauser Straße abzweigt, gehen Sie weiter geradeaus. An der Kreuzung findet sich eine **Skulptur mit einem Bergmann**, der eine Grubenlampe trägt. Auf der rechten Seite liegen nun einige Forellenteiche, an denen man auch frisch geräucherte Forellen erstehen kann, und ein Hundetrainingsareal. Sie folgen der Straße weiter leicht bergan. Etwa auf Höhe des Hundetrainingsgeländes liegt linker Hand der Eingang zum **Stollen Turteltaube**.

Stollen Turteltaube

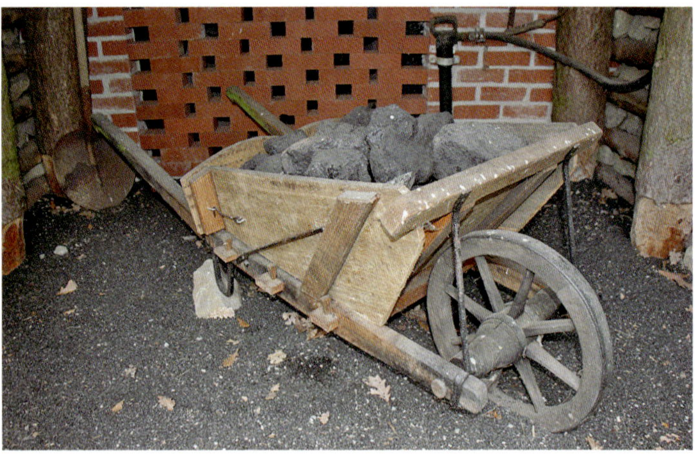

Mit dem bewaldeten Hang zur Linken und Feldern und Wiesen zur Rechten geht es weiter leicht bergan. Etwa bei km 2,5 ist links das schmucke ⌘ **Bethaus der Bergleute** erreicht (🚪 April-Okt Di-Sa 10:00-18:00, So 11:00-18:00, Nov-März Sa und So 11:00-18:00, Eintritt frei). Es wurde im Jahr 1830 errichtet und ist das einzige seiner Art im gesamten Ruhrgebiet. Im Untergeschoss wird eine kleine Ausstellung über Arbeit und Leben der Kumpel vor der Zeit des maschinellen Kohleabbaus gezeigt. Hier befindet sich außerdem ein kleines ✕ **Café,** das während der Öffnungszeiten des Bethauses Würstchen, Kuchen und Eis feilbietet.

Café am Bethaus, Muttentalstraße 35, 58452 Witten, April-Okt Di-Sa 10:00-18:00, So 11:00-18:00, Nov-März Sa und So 11:00-18:00

Sie folgen der Straße bergan in ein malerisches Waldstück, rechts unterhalb fließt ein Bächlein. Bei km 2,65 liegt rechts das ehemalige Areal der ⌘ **Zeche Hermann**. Hier ist die Bergbauausstellung „Vom Altertum bis zur Neuzeit" zu sehen (Sa, So und Fei 10:00-18:00, Eintritt frei). Die Freiluftausstellung präsentiert zahlreiche Bergbaugerätschaften. Im schnuckeligen Zechenhaus besteht auch die Möglichkeit, sich während der Öffnungszeiten der Ausstellung mit kleinen Snacks und Getränken zu stärken.

Wer möchte, geht hier geradeaus, wenn die Zeche geöffnet ist, empfiehlt es sich, über das kleine Gelände zu gehen, um dann im Bogen zurück zur Straße zu gelangen. Ein kleiner Spaß bietet sich für alle, die mal Lust haben, auf einem Grubenrad auf Schienen ein paar Runden zu drehen.

Etwa bei km 2,95 liegt dann links ein weiterer Blickfang: eine alte **Haspelanlage**. Hier endet auch die Straße und geht in einen geschotterten Weg über, dem Sie leicht bergan folgen. Bei km 3,12 ist linker Hand die **Verladeanlage der Zeche Jupiter** erreicht. Wenn der Weg sich kurz darauf (km 3,4) gabelt, nehmen Sie den linken Abzweig Richtung Parkplatz Rauendahlstraße und Schacht Renate. Wenig später findet sich auf der rechten Seite ein Nachbau eines historischen Kohlenwagens der **Muttentalbahn.** Diese wurden hier mit Pferden gezogen. Bei km 3,82 liegt links der **Stollen Fortuna**, der zur Zeche Jupiter gehörte. Fast direkt gegenüber befindet sich rechter Hand das Areal der ehemaligen **Halde des Schachts Juno**.

Wenn sich direkt danach der Weg gabelt, halten Sie sich rechts Richtung Schacht Renate, Dreibaum und Parkplatz Rauendahlstraße. Sie überqueren den Bachlauf. Links liegen sofort die Reste der ehemaligen **Zeche Renate**. Der Waldweg knickt nach rechts ab und steigt dann steil an. Nach dem Anstieg liegt linker Hand ein Wanderparkplatz. Direkt daran angrenzend erhebt sich ein **historischer Dreibaum**. Rechts neben dem Parkplatz führt eine kleine Treppe zu einem Plateau, auf dem ein **Gedenkstein für verunglückte Bergleute** zu finden ist.

Sie halten sich am Parkplatz rechts, dort ist auch ein Reitweg ausgeschildert. Nun geht es wieder in den Wald hinein. Wenn sich der Weg bei km 4,33 gabelt, nehmen Sie den linken (Ausschilderung Richtung Göpel). Der nun etwas schmaler werdende Waldweg steigt abermals leicht an. An der nächsten Gabelung, etwa bei km 4,5, halten Sie sich links und gehen weiter bergan. Sie überqueren einen Wander- und Reitweg und wandern geradeaus weiter. Linker Hand liegt nun das Gebäude des **Göpelschachts Moses** (km 4,62).

Sie halten sich nun links und gehen am Gebäude des Göpelschachts Moses vorbei. Der nun breitere Wanderweg durch den Wald steigt wieder leicht an. Der Weg trifft schließlich auf eine schmale Straße, der Sie weiter geradeaus folgen. Auch wenn sie sich gabelt, gehen Sie weiter geradeaus. Hier ist es auch Richtung Ruine Hardenstein ausgeschildert. Linker Hand liegt kurz darauf das Feuerwehrhaus Vormholz. Rechter Hand passieren Sie das Gelände, auf dem einst der **Göpelschacht Wilhelm** zu finden war.

Sie treffen schließlich auf eine Vorfahrtsstraße, dort biegen Sie rechts ab. Links liegt mit der ✕ **Gaststätte Zur alten Tür** eine Einkehrmöglichkeit.

✕ Gaststätte Zur alten Tür, Berghauser Straße 14, 58452 Witten, ☏ 023 02/735 23, Di-So 11:30-22:00

Achtung, an der wenig befahrenen Berghauser Straße, an der Sie nun entlanggehen, gibt es keinen Bürgersteig. In einer lang gezogenen Linkskurve befindet sich rechter Hand eine **Mulde des Steinkohlegebirges**. Wenn die Straße eine Rechtskurve macht, gehen Sie links in die Sackgasse (km 5,4). Hier ist auch die Berghauser Straße 35 und 35a ausgeschildert.

Die geschotterte Straße knickt schließlich nach rechts ab und führt talwärts Richtung ⌘ **Ruine Hardenstein**. Wenn Sie kurz nach dem letzten Haus im Wald auf eine Gabelung treffen, biegen Sie links ab. Das ist bei km 5,8. Hier ist auch ein Wanderweg mit U bzw. A3 ausgeschildert. Es geht wieder in den Wald hinein und talwärts. Auf diesem steilen Teilstück kann es nach Regenfällen sehr rutschig sein. Wenn Sie auf eine große Wegkreuzung im Wald treffen, gehen Sie an der ersten Möglichkeit rechts (etwa bei km 6). Rechter Hand liegt sodann das ehemalige Gelände der **Zeche Orion** und knapp 80 m weiter folgt der Eingang zum **Stollen Reiger**. Der nun fast flache Weg führt Sie direkt auf die Ruine Hardenstein zu. Unmittelbar vor der Ruine gabelt sich der Weg, nehmen Sie den linken Abzweig, um direkt an der Ruine entlangzugehen.

⌘ Ruine Hardenstein

Die Reste der Burg Hardenstein liegen frei zugänglich inmitten des Naturschutzgebiets Hardenstein, nur einen Steinwurf vom Ruhrufer entfernt. Die Geschichte des Anwesens, das vornehmlich als Herrenhaus diente und weniger zur Verteidigung, geht bis in die Mitte des 14. Jahrhunderts zurück. Damals ließ sich Heinrich II. von Hardenberg hier einen Wohnsitz errichten. Bis zum 17. Jahrhundert wurde das spätmittelalterliche Anwesen mehrfach um- und ausgebaut. Im 18. Jahrhundert wurde die Burg auf- und damit dem Verfall preisgegeben.

Sie halten sich rechts und gehen durch den gemauerten Bruchsteinbogen hindurch. Linker Hand sehen Sie nun wieder die Bahntrasse der **Ruhrtalbahn,** während Sie weiter geradeaus Richtung Muttental und Zeche Nachtigall gehen. Wenn der Weg sich gabelt und es links zum Bootsanleger ausgeschildert ist, wandern Sie weiter geradeaus. Rechter Hand befindet sich der ehemalige **Vereinigungsstollen**, links ist über die Bahnlinie hinweg immer mal wieder die Ruhr zu erkennen. Nach einem leichten Anstieg liegt rechts der **Nachkriegsstollen**.

Nun führt Sie der schmale Weg am Muttenbach entlang zurück zur Straße Auf der Marta, in die Sie links abbiegen. An der nächsten Ecke biegen Sie wieder links ab und folgen dem Verlauf der Muttentalstraße. Gegenüber liegt der Steinbruch Dünkelberg, der die erste Station des Bergbaurundwegs war. Nun gilt es wieder bis zur Zeche Nachtigall Asphalt zu treten. Nach dem Ortseingangsschild von Witten folgen Sie der Straße durch einen Rechtsbogen. Mit der Bahnlinie nun wieder zur Linken geht es an einer Reihe von Einfamilienhäusern vorbei. Wenn die Straße sich gabelt, halten Sie sich links und folgen weiter der Muttentalstraße.

Taucht vor Ihnen die Zeche Nachtigall auf, gehen Sie links über den unbeschrankten Bahnübergang und dann sofort wieder nach rechts. Links neben der Straße verläuft nun wieder ein Fußweg. Wenn er endet, wenden Sie sich nach rechts, überqueren die Straße und wandern in den Wald hinein. Dort ist auch der Weg Richtung Ruhrtalbahn-Haltepunkt und Zeche Theresia ausgeschildert. Das ist bei km 8,35.

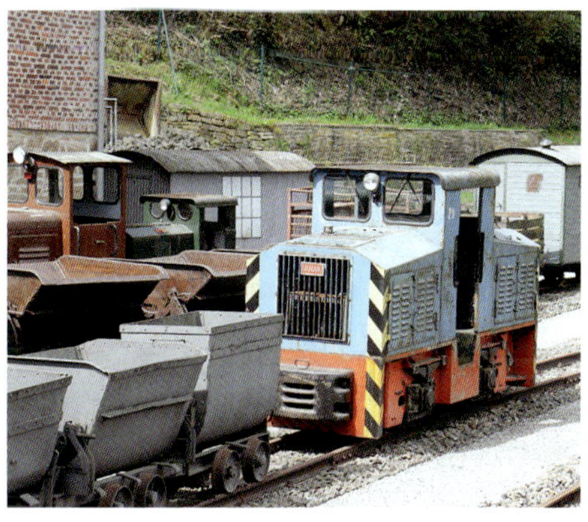

Zeche Theresia

Der Waldweg bringt Sie schließlich über die Schienen hinüber, dann folgen Sie ihm nach links. Rechter Hand liegt die Biologische Station der Naturschutzgruppe Witten. Es geht wieder an der ehemaligen Zeche Theresia mit dem Gruben- und Feldbahnmuseum vorbei. Wenn Sie auf eine Straße treffen, halten Sie sich rechts und folgen nun der Nachtigallstraße. Nachdem Sie noch einmal den Südflügel des Stollens Braunschweig passiert haben, der rechts liegt, ist links der P Parkplatz, Startpunkt dieser Rundtour, erreicht.

12 Hagen – von Turm zu Turm

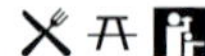

Tour für Landschaftsgenießer, kulturgeschichtlich Interessierte und Familien

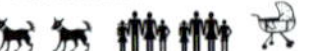

Durch verwunschene Waldlandschaften führt diese herrliche Wanderung. Kinder werden sich für „Wer sieht den nächsten Turm als Erster"-Spiele begeistern lassen, zumal der zweite ausschaut, als sei er aus einem Märchenbuch gepurzelt, so sehr ähnelt er einem Rapunzelturm. Ein einladendes Waldlokal mit begehbarem Turm, Tummelwiese, schattigen Sitzplätzen draußen und einem kleinen Spielplatz laden zur ausgedehnten Einkehr ein. Auf dem Rückweg geht es bergauf, bergab und vorbei an zwei großen Wildgattern, in denen Wildschweine und Rehe zu Hause sind.

↻ Start/Ziel: Parkplatz am oberen Ende der Christian-Rohlfs-Straße in Hagen, GPS N 51°21.107' E 007°27.944'

8,5 km

2 Std. 50 Min.

↑↓ 265 m/265 m

⇧ 141-378 m

Überwiegend wird der Beschilderung des Drei-Türme-Wegs mit zwei übereinanderliegenden weißen Balken gefolgt, im zweiten Abschnitt dann eine Weile den Wanderzeichen X und A2.

Kota Radja (am Start/Ziel), Restaurant Kaiser-Friedrich-Turm (km 4,3), Restaurant Waldlust (km 7)

zahlreiche Sitzbänke entlang der Tour

Das Erklimmen der Türme birgt einen Hauch von Abenteuer. Am Kaiser-Friedrich-Turm wartet ein Spielplatz und auf dem zweiten Wegabschnitt das Wildgatter.

Aufgrund der zum Teil sehr steilen Steigungen ist die Tour nur bedingt für Wanderer mit Buggy empfehlenswert.

Der Weg ist für Hunde gut geeignet. Im letzten Drittel geht es vorwiegend über Straßen.

P Ein kostenfreier Parkplatz findet sich am Start/Ziel. Etwas unterhalb gibt es zudem das (kostenpflichtige) Parkhaus des Allgemeinen Krankenhauses.

ab Hauptbahnhof mit der Buslinie 521 Richtung Westerbauer bis zur Haltestelle Allgemeines Krankenhaus, von dort etwa 10 Gehminuten

Startpunkt ist der P Parkplatz am oberen Ende der Christian-Rohlfs-Straße, wo es auch zum asiatischen **Restaurant Kota Radja** geht.

✗ Kota Radja, Stadtgartenallee, 58089 Hagen, ☏ 023 31/33 10 57, info@kota-radja.de, www.kota-radja.de, Mo-Do 11:30-15:00 und 17:30-23:30, Fr-So und Fei 11:30-23:30

Sie gehen ein Stück die Stadtgartenallee entlang, nicht in Richtung des Kota Radjas, sondern in die andere Richtung.

An der ersten Möglichkeit biegen Sie rechts in die Straße Am Waldhang ab. Sie folgen dem Verlauf der Straße, die phasenweise steil bergauf führt, und passieren eine Gärtnerei und einige Schrebergärten auf der linken Seite. Die Gärten gehören zum Verein Sonnebad Goldberg. Wenn die Straße Am Waldhang nach links abknickt, gehen Sie rechts die Straße Auf dem Goldberg hoch.

Hier ist der Drei-Türme-Weg, dessen Verlauf Sie bei dieser Tour zum Großteil folgen, mit zwei übereinanderliegenden weißen Balken ausgeschildert.

Als Lohn für den steilen Anstieg gibt es herrliche Ausblicke auf Hagen und seine waldreiche Umgebung. Wenn der Weg sich an einer Schranke abermals gabelt, nehmen Sie den

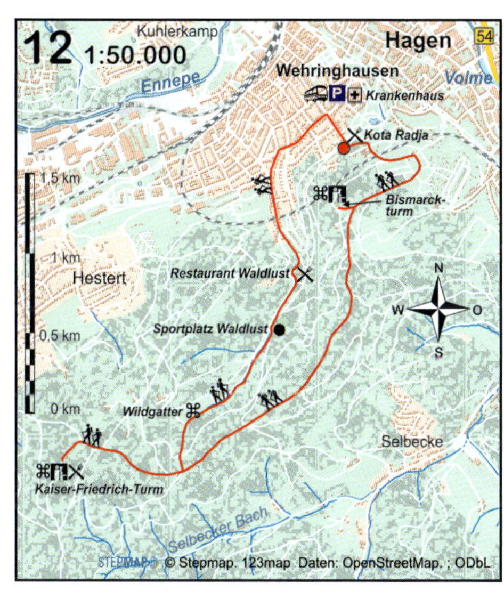

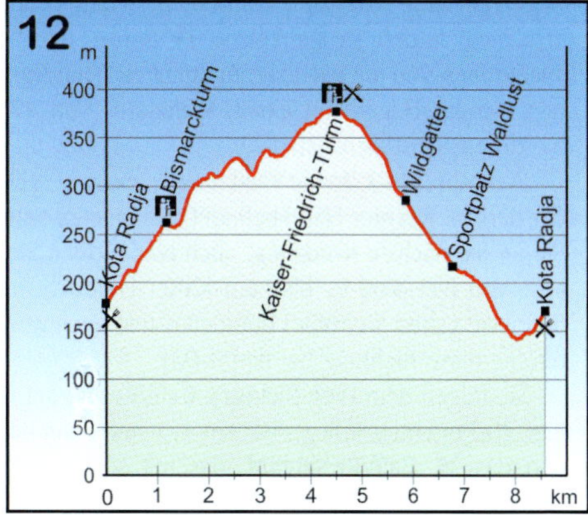

rechten Pfad und gehen weiter bergan (etwa nach 1 km Wegstrecke). Nach dieser Schranke ist der Weg dann auch autofrei. Bei km 1,2 erscheint rechts mit dem ⌘ **Bismarckturm** der erste Turm auf einer großen Wiese.

⌘ Bismarckturm

Der Bismarckturm wurde in Gedenken an Reichskanzler Otto Fürst von Bismarck zu Beginn des 20. Jahrhunderts nach Plänen des Architekten Wilhelm Kreis errichtet und am 2. Juli 1901 seiner Bestimmung übergeben. Lange Jahre war das 24 m hohe Bauwerk dem Dornröschenschlaf verfallen. Wegen der zunehmenden Baufälligkeit wurde ab 2006 der Zutritt verboten. Im Jahr 2011 gründete sich dann der Förderverein Bismarckturm Hagen. Dieser sammelte Spendengelder und konnte – auch mit Unterstützung der NRW-Stiftung – das Bauwerk bis zum Sommer 2014 sanieren und wieder für die Öffentlichkeit zugänglich machen.

Die Öffnungszeiten finden sich auf der Internetseite des Vereins unter www.bismarck-turm.de.

Vor dem Turm zweigt rechts ein Weg über die Wiese ab, Sie bleiben aber geradeaus auf dem Pfad, der in den Wald hineinführt. Kurz darauf gabelt sich der Weg und Sie bleiben auf dem linken Pfad, wo auch der ✎ Jakobsweg ausgeschildert ist. Es geht weiter auf einem geschotterten Weg durch den Wald. Wenn der Weg sich abermals aufteilt, in drei Optionen, nehmen Sie die mittlere und gehen weiter bergauf (km 1,4). Zum Kaiser-Friedrich-Turm sind es von hier gemäß Ausschilderung noch 4 km, zum Eugen-Richter-Turm noch 6 km.

Hier folgt nun wieder ein sehr steiles Stück auf steinigem Untergrund, der bei Regen glitschig sein kann. Während Sie Höhen von über 300 m über Normalnull erreichen, finden Sie zahlreiche Bänke, um die müden Wanderbeine etwas auszuruhen und die herrliche Aussicht zu genießen. Es lässt sich unschwer erkennen, warum Hagen mit einem Waldanteil von 42 % eine der grünsten Städte Nordrhein-Westfalens ist.

Wenn bei km 2,9 eine Kreuzung erreicht ist, gehen Sie weiter geradeaus, wieder bergan. Rechter Hand befindet sich eine Schutzhütte. Bei km 3,4 kommen Sie an die nächste Kreuzung, auch hier bleiben Sie weiter auf dem Weg geradeaus. Von hier sind es bis zum Kaiser-Friedrich-Turm noch 900 m. Nach einer Schranke gehen Sie weiter geradeaus und auch wenn sich der Weg gabelt, behalten Sie diese Richtung bei (km 4,03).

Sie folgen dem Weg Richtung Café/Restaurant Kaiser-Friedrich-Turm, das von hier 200 m entfernt liegt. Bei km 4,3 sind dann der ⌘ **Kaiser-Friedrich-Turm** und das ✕ **Café/Restaurant**, das mit schattigen Plätzchen zur Einkehr lockt, erreicht.

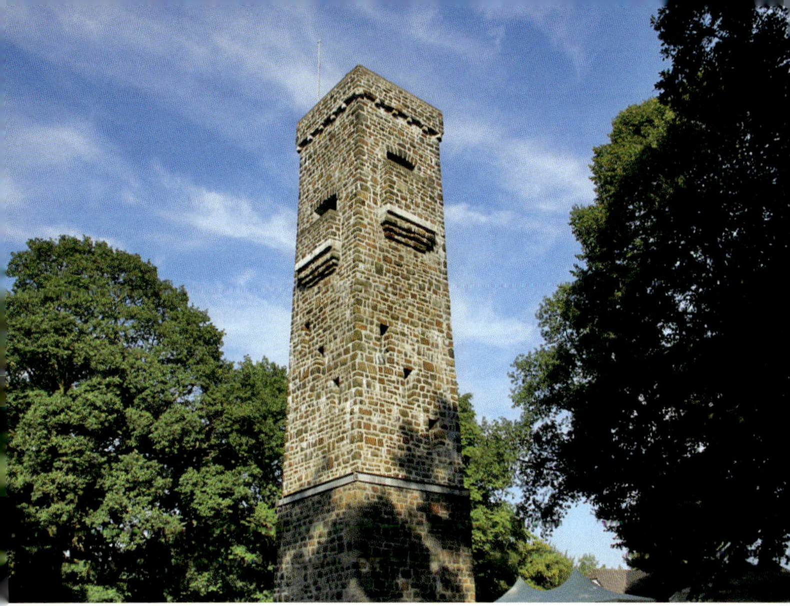

Kaiser-Friedrich-Turm

⌘ Kaiser-Friedrich-Turm

Der Kaiser-Friedrich-Turm wurde zunächst im Jahr 1891 als Holzturm auf der Hesterthardt errichtet. Nach einem Blitzeinschlag im Jahr 1901 wurde der Turm mithilfe von Spenden als Steinturm wiederaufgebaut und 1910 eingeweiht. Der Turm ist 17 m hoch, über dem Eingangsportal erinnert ein Bronzerelief an Kaiser Friedrich III.

Der Turm kann erklommen werden – es kostet 50 Cent Eintritt und 81 Stufen müssen bewältigt werden, bis man oben angelangt ist und einen schönen Rundblick über Hagen genießen kann.

✕ Gaststätte am Kaiser-Friedrich-Turm, Im Deerth 10, 58135 Hagen, ☏ 023 31/33 74 87, kaiser-friedrich-turm@gmx.de, www.kaiser-friedrich-turm.eu, täglich ab 12:00, So und Fei ab 9:30, Do Ruhetag

Der Turm markiert gleichzeitig einen Wendepunkt. Sie gehen von hier aus wieder ein kurzes Stück auf der Straße zurück, auf der Sie gekommen sind. An der ersten Gabelung der Straße, bei km 4,62, nehmen Sie den linken Weg, gehen wieder Richtung Schranke und weiter geradeaus an ihr vorbei.

Wenn Sie bei km 5,3 wieder auf die große Kreuzung im Wald kommen, biegen Sie links ab und gehen in den Wald hinunter. Von hier sind es rund 500 m bis zum ⌘ **Wildgatter** und der Weg ist mit einem X und A2 gekennzeichnet. Der steile Weg, der bergab führt, ist asphaltiert – aber zum Glück gibt es keinen Autoverkehr. Bei km 5,41 fällt rechts ein alter Wegstein in den Blick. 200 m weiter ist linker Hand das Wildgatter erreicht, in dem sich Wildschweine tummeln.

Von dort setzen Sie den Weg weiter geradeaus und bergab fort. Zwischen dem riesigen Wildschweingehege und dem Wanderweg plätschert ein idyllischer Bach dahin. Mit dem Bach als Begleiter geht es weiter talwärts. An einer Holzbrücke linker Hand gehen Sie weiter geradeaus. Bei km 6,3 kommt dann links das **Hirsch- und Rehgehege** in den Blick.

Dann, bei km 6,41, ist die **Karl-Ewald-Quelle** erreicht. Der Namenspatron war Ehrenmitglied und Hauptwegewart sowie Vorsitzender der Abteilung Hagen im Sauerländischen Gebirgsverein.

140 m weiter liegt linker Hand ein Kriegsdenkmal und Sie kommen an eine Schranke, bevor Sie wieder auf eine Straße treffen. Nach der Schranke biegen Sie rechts ab. Rechter Hand liegt der Sportplatz Waldlust, Heimat des Sportvereins Roter Stern Wehringhausen. Sie gehen daran vorbei auf der Straße weiter bergab. Folgen Sie dem Verlauf der wenig befahrenen Derthstraße talwärts. Sie geht schließlich in die Pelmkestraße über, Sie gehen immer noch Richtung Tal abwärts.

Sie passieren das ✕ **Restaurant Waldlust**, das auf der rechten Seite liegt – ebenso wie einige Schrebergärten des Waldlust e.V.

✕ Restaurant Waldlust, Pelmkestraße 111-115, 58089 Hagen, ☏ 023 31/33 99 11, info@waldlust-hagen.com, www.waldlust-hagen.com, Mi-So 12:00-22:00, gutbürgerliche deutsche Küche

Wenig später kommen die ersten Häuser des Hagener Stadtteils Wehringhausen in den Blick. Wenn Sie bei km 7,85 an eine Kreuzung gelangen, biegen Sie rechts ab in die Dömbergstraße. Sie überqueren die Bachstraße, wandern über die Richard-Wagner-Straße und gehen immer entlang der Dömbergstraße geradeaus. Bei km 8,24 treffen Sie schließlich auf die Christian-Rohlfs-Straße, wo Sie rechts abbiegen, um wieder zum Ausgangspunkt Ihrer Wanderung zu gelangen.

Nun folgt noch ein letzter Anstieg bis zum Parkplatz, die Schumannstraße muss überquert werden. Die Christian-Rohlfs-Straße mündet schließlich in die Stadtgartenallee und links liegt mit dem **P** Parkplatz am Stadtgarten der Ausgangspunkt der Tour.

13 Dortmund, Herdecke, Hagen – rund um den Hengsteysee

Tour für Landschaftsgenießer, kulturgeschichtlich Interessierte und Familien

Dies ist eine Tour, die alles hat, was Wanderer wünschen. Sie reicht für einen perfekten Urlaubstag vor der Haustür: Es geht zunächst immer am Wasser entlang, dann bieten sich mit zwei Wasserkraftwerken spannende Fotomotive und Denkmäler der Industriegeschichte, die noch in Betrieb sind. Bald führt die Tour steil bergauf über herrliche Waldwege – mit Baumwurzeln als natürlichen Treppenstufen –, dann durch tiefe Wälder am Kamm des Ardeygebirges mit herrlichen Ausblicken über den Hengsteysee zur imposanten Anlage der Hohensyburg. Zum Schluss bringt Sie ein fantastischer Abstieg über Natursteige wieder auf das Seeniveau. Wer möchte, kombiniert das Wandern mit einer Bootstour an Bord des Ausflugsschiffes MS Freiherr von Stein.

Start/Ziel: Wanderparkplatz an der Dortmunder Straße in Hagen, direkt an der Brücke über den Hengsteysee, GPS N 51°24.914' E 007°28.599'

11,8 km

2 Std. 15 Min.

323 m/323 m

93-258 m

In weiten Teilen der Strecke gibt es keine einheitliche Markierung. Etwa ab der Hälfte des Weges weist für einige Kilometer ein Kreis mit einem Pfeil den Weg.

Pommesbude am Start/Ziel, Restaurant Schiffswinkel (km 3), Road Stop (ca. km 9), Sunshine, Alt-Syburg (beide ca. km 9,6)

zahlreiche Sitzbänke entlang der Tour

WC Dixi-Klos am Start/Ziel

Freibad Hengstey (ca. km 2,5)

Diese Tour lässt Kinderherzen höher schlagen: Man kann im See Stöckchen schwimmen lassen, wild im Wald toben und in den Ruinen der Hohensyburg herumklettern.

Aufgrund der zum Teil sehr großen Steigungen und eines engen, steilen Stücks mit Trampelpfad ist die Tour in einigen Teilen für Buggys ungeeignet.

Der Weg ist durchaus für Hunde geeignet – vor allem entlang des Hengsteysees und im Waldstück. Für die Abschnitte im Wald sollte ausreichend Wasser mitgenommen werden, da die Hunde nach dem steilen Anstieg sicher durstig sind.

P Wanderparkplatz am Start/Ziel

 ab Hauptbahnhof Hagen mit dem Niederflurbus 544 in Richtung Dortmund Spielbank Hohensyburg bis zur Haltestelle Hengsteysee

Startpunkt ist der P Parkplatz an der Brücke über den Hengsteysee. Hier finden Sie auch die kleine Pommesbude ✕ **Picknick am See** und zwei Dixi-Klos. Rechter Hand ist über die Brücke hinweg oben am Berg die **Hohensyburg** zu sehen.

Hengsteysee

Unweit der Mündung der Lenne in die Ruhr im Städtedreieck Dortmund, Hagen und Herdecke wurde zwischen 1927 und 1929 der Hengsteysee auf einer Länge von 4,2 km aufgestaut. Der See, der an der breitesten Stelle knapp 300 m misst, verfügt über einen Speicherraum für 3,3 Millionen m³ Wasser und dient als Unterbecken für das **Koepchenwerk**, das weltweit erste Pumpspeicherkraftwerk.

Begrenzt wird das Gewässer durch das **Laufwasserkraftwerk Hengstey** mit einer Stauhöhe von 4,6 m. Zu den Blickfängen am See, auf dem mit der MS Freiherr von Stein auch ein Fahrgastschiff fahrplanmäßig verkehrt, gehört das sogenannte **Seeschlösschen** (Im Kleff, 58313 Herdecke). Das markante Gebäude am Seeufer war im Jahr 1872 als Landsitz unter dem Namen „Villa Niedernhofen" für den Großindustriellen Wilhelm Funke erbaut worden und wird heute unter anderem für Ambiente-Hochzeiten genutzt.

Gehen Sie vom Parkplatz aus auf das Ufer des Hengsteysees zu und links am Uferweg entlang. Sie folgen dem kombinierten Rad- (asphaltiert) und Fußweg (geschottert). Während der Radweg bald etwas vom Ufer wegführt, verläuft der Fußweg direkt am Wasser entlang. Linker Hand liegt ein schönes Waldstück, rechts bietet der See herrliche Ausblicke. Nach knapp 600 m ist schräg gegenüber auf der anderen Uferseite auch das ⌘ **Seeschlösschen** zu erkennen.

Wenn linker Hand ein Tennisplatz zu sehen ist, liegt das Seeschlösschen schließlich direkt gegenüber an der anderen Uferseite. Vor Ihnen erscheint auch schon auf der rechten Uferseite das 1930 in Betrieb genommene ⌘ **Koepchenwerk** des RWE-Stromkonzerns, das weltweit erste Pumpspeicherwerk. Durch den See verlaufen die Stadtgrenzen zwischen Dortmund, Herdecke und Hagen. Das Koepchenwerk liegt auf der Herdecker Seite des Hengsteysees.

⌘ Koepchenwerk

Zwischen 1927 und 1930 wurde das von **Arthur Koepchen** entworfene und nach ihm benannte Pumpspeicherkraftwerk am Ufer des Hengsteysees errichtet. Es handelt es sich um ein sogenanntes Spitzenlastwasserkraftwerk. Das heißt, in Zei-

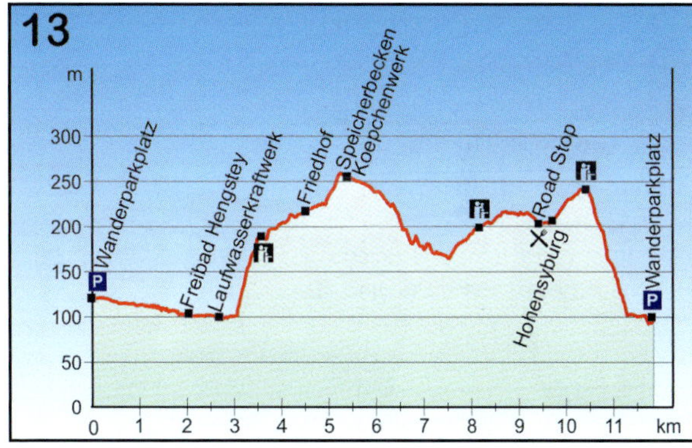

ten mit geringerem Strombedarf (überwiegend nachts) wird Wasser aus dem Stausee in das gut 160 m höher gelegene Speicherbecken gepumpt. In Zeiten mit erhöhtem Strombedarf (überwiegend tagsüber) strömt das Wasser dann durch Rohrleitungen und eine große Pumpturbine in den See zurück. Dadurch können bis zu 153 Megawatt Strom produziert werden.

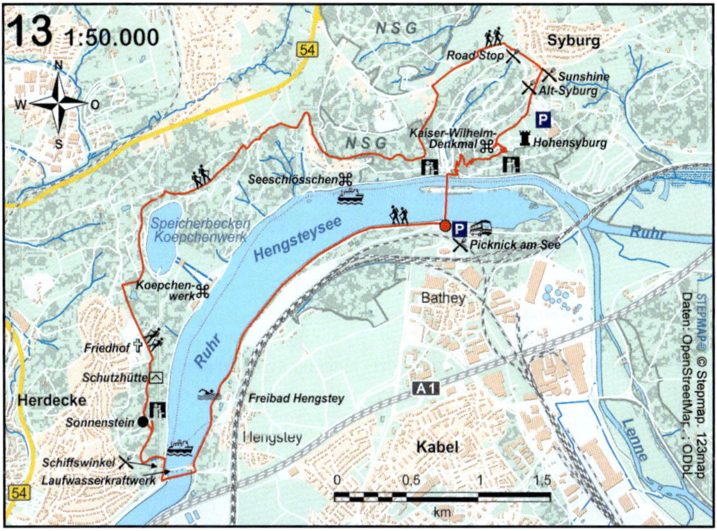

Das der Bergkuppe angepasste Speicherbecken hat ein Fassungsvermögen von bis zu 1,5 Mio. m³ Wasser.

Die ursprüngliche Anlage wurde schließlich durch eine modernere ersetzt und 1994 stillgelegt. Vom Seeuferweg kann ein Blick in die alte Turbinenhalle geworfen werden. Informationstafeln erläutern die Funktionsweise des Werks.

Wenig später kommen eine DLRG-Station und das **Freibad Hengstey** (www.hagenbad.de/familienbad-hengstey.html) auf der linken Seite in den Blick. Nach dem Freibad erscheint vor Ihnen das ⌘ **Laufwasserkraftwerk Hengstey** mit seiner Staustufe über den Hengsteysee.

⌘ Laufwasserkraftwerk Hengstey

Das Laufwasserkraftwerk Hengstey ist vom Ruhrverband zwischen 1927 und 1929 angelegt worden. Mithilfe von drei eingebauten Turbinen können bei günstiger Wassermenge bis zu 3.300 kWh Strom erzeugt werden, das heißt im Schnitt 11 Mio. kWh im Jahr.

Laufwasserkraftwerk Hengstey

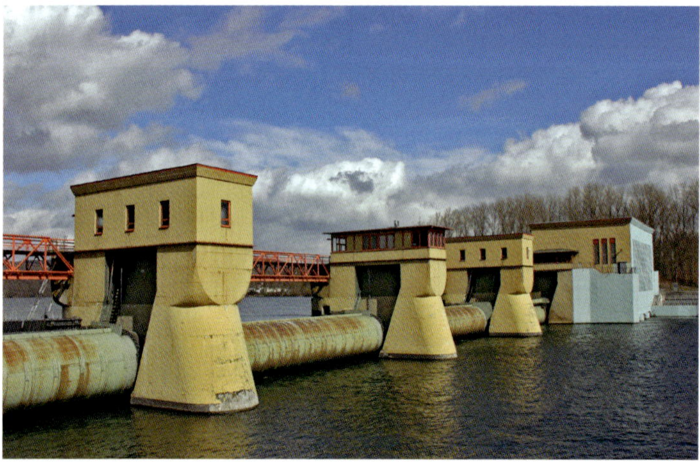

Der Weg führt Sie schließlich um das Kraftwerk herum, dort gehen Sie rechts über die alte Eisenbahnbrücke hinüber. Auch hier sind, wie inzwischen an vielen Brücken weltweit, zahlreiche sogenannte Liebesschlösser am Geländer angebracht – vor allem auf der linken Seite, also der Seite, wo die Ruhr weiterfließt.

Kleines Kuriosum am Ende der Brücke: ein ungewöhnliches Warnschild, das Radler davor bewahren soll, versehentlich mit dem Rad in den Schienen stecken zu bleiben ...

Am Ende der Brücke ist dann auch **Herdecke** (www.herdecke.de) erreicht. An der ersten Möglichkeit biegen Sie rechts ab. Linker Hand liegt der **Schiffswinkel**. Unmittelbar nach dem Restaurant befindet sich rechts der Anleger des Ausflugsschiffes MS Freiherr von Stein, das von hier aus über den See fährt.

Schiffswinkel, Im Schiffwinkel 35, 58313 Herdecke, 023 30/21 55, www.schiffswinkel.com, Mo-Do 12:00-15:00 und 17:30-23:00, Fr und Sa 12:00-15:00 und 17:30-24:00, So und Fei 12:00-24:00

MS Freiherr von Stein, Fahrzeiten und Preis unter 023 30/729 81 und unter www.personenschifffahrt-hengsteysee.de

Direkt nach dem Schiffswinkel biegen Sie vor einem mit Schiefer verkleideten Haus mit grünen Fensterläden links ab und wandern steil den Berg hinauf.

Bevor es wirklich steil aufwärts geht, liegt links der Eingang zur **Steinkohlezeche Gotthilf**, einer stillgelegten Bergbaustätte. Die Zeche war von 1822 bis 1846 in Betrieb, warf aber nur minderwertige Kohle ab und wurde daraufhin wieder geschlossen.

Nun folgt der steile Anstieg. Hier kann es nach Regenfällen extrem rutschig sein. Wenn der Weg sich bei km 3,25 gabelt, nehmen Sie den rechten Abzweig und folgen dann weiter dem Anstieg durch den herrlichen Wald. Zur Rechten schimmert zwischen den Bäumen der Hengsteysee hindurch. Wenn Sie bei km 3,34 auf eine Straße treffen, biegen Sie rechts ab und folgen ihrem Verlauf. Wenn die Straße endet, gehen Sie links den Berg hoch und weiter am Kamm des **Ardeygebirges** entlang.

Der Pfad entlang des steilen Abhangs wird nun relativ schmal, hier ist also ein wenig Vorsicht geboten. Sie treffen wieder auf eine T-Kreuzung und nehmen den Pfad nach rechts, weiter am Kamm entlang – hier ist der Weg nun wieder breiter. Bei km 3,62 ist ein herrlicher Aussichtspunkt mit Blick über den See erreicht. Da es aber hier sehr unwegsam ist, gehen Sie wieder ein Stückchen zurück. An der Gabelung, wo Sie vorher rechts abgebogen sind, gehen Sie nun geradeaus, biegen also nicht links ab und laufen nicht wieder talwärts. Der Weg beschreibt eine Rechtskurve, der Sie folgen.

Bei km 3,73 geht es dann rechts den steilen Trampelpfad hinauf. Dort steht nach ca. 100 m auf der linken Seite auch eine grünliche Blechhütte, die sich als (nicht mehr benutzbares) Plumpsklo herausstellt. Direkt danach kommen Sie wieder an eine Gabelung, an welcher der markante **Sonnenstein** aufgestellt ist. Sie gehen vor dem Stein nach rechts. Hier gelangt man an eine tolle Aussichtsplattform mit Bänken und einem Steintisch. Linker Hand ist noch ein beschrifteter Stein zu sehen. „Glück hat im Leben und Treiben der Welt, wer Ruhe, Humor und die Nerven behält" steht darauf geschrieben.

Unmittelbar nach dem Stein gehen Sie links den Trampelpfad hinauf. An der nächsten Weggabelung (km 3,89) halten Sie sich rechts auf einen asphaltierten Weg. Durch den Wald sind nun wunderbar die Türme der Hohensyburg zu sehen. Wenn der Weg sich bei km 4,07 teilt, nehmen Sie weiter den rechten am Rande des Ardeygebirges entlang. 60 m weiter liegt links eine große Schutzhütte. Sie kommen schließlich an eine weitere Aussichtsplattform, linker Hand liegt ein Friedhof mit einer markanten Andachtshalle (km 4,3).

Wenn gegenüber der Andachtshalle rechts ein Weg abzweigt, gehen Sie weiter geradeaus auf dem herrlichen breiten Weg. Auch bei einem Abzweig bei km 4,48 wandern Sie geradeaus weiter, mit dem Friedhof linker Hand. Direkt am Ende eines Zaunes auf der rechten Seite geht es dann rechts einen kleinen Weg entlang. Hier ist auch ein Kreiszeichen mit einem Pfeil angebracht (km 4,85). Sie folgen dem Trampelpfad bergauf in den Wald hinein.

Er führt direkt an einem Stacheldrahtzaun zur Rechten entlang. Hinter dem Stacheldraht liegt ein kleiner See. Wenn der Weg sich bei km 5 gabelt, nehmen Sie den rechten Weg. Linker Hand liegt eine Freifläche mit Strommasten, Sie gehen weiter geradeaus durch den Wald, einen steilen Hang hinauf. Bei km 5,15 treffen Sie auf eine Straße, hier gehen Sie links. Der vor Ihnen liegende Wall ist die Schutzbegrenzung für den Stausee des Koepchenwerks.

Sie treffen schließlich auf die Straße Im Kleff und gehen hier nach rechts (km 5,72). Wenn die Straße rechts zu den Häusern Im Kleff 8-10 abzweigt, ignorieren Sie dies und laufen weiter geradeaus. Wenn links ein Haus erscheint, wandern Sie rechts auf dem Trampelpfad in den Wald hinein (km 6,42). Es geht nun ein kleines Stück steil bergab. Sie nehmen den zweiten Weg links. Bei km 6,6 treffen Sie auf eine Gabelung im Wald und folgen weiter geradeaus dem Trampelpfad auf einen Holzzaun zu.

Der Trampelpfad führt Sie weiter talwärts und Sie passieren eine große Wiese linker Hand. Auf diesem Teilstück ist es nach Regenfällen ebenfalls sehr glitschig. Während Sie weiter am Rande des Waldes entlanggehen, steigt der Weg schließlich wieder leicht an. Sie treffen auf einen geschotterten Weg an einer T-Kreuzung, hier gehen Sie nach rechts. An der nun folgenden Kreuzung nehmen Sie den linken, also den oberen Weg, nicht den, der talwärts führt.

Wenn Sie wieder auf eine Straße treffen, gehen Sie links, also nicht talwärts auf das Haus zu. Bei km 7,33 treffen Sie auf die nächste Kreuzung, hier laufen Sie geradeaus weiter und folgen der Straße Am Klusenberg. Dies ist eine Anliegerstraße und Sie gehen auf ein Fachwerkhaus zu. Wenn sich der Weg nach dem Fachwerkhaus gabelt, nehmen Sie den Fußweg links hinauf, wo es auch zu dem Haus Nummer 214 geht.

Vor einer Linkskurve liegt rechts eine herrliche Aussichtsplattform. Von hier bieten sich schöne Panoramarundblicke auf den Hengsteysee, den Zusammenfluss von Lenne und Ruhr sowie auf Hagen-Bathey an der gegenüberliegenden Seeseite. Während der Weg leicht ansteigt, beschreibt er eine Linkskurve, rechts kommen zwei weitere Aussichtsplattformen in den Blick. Der Weg bringt Sie schließlich an die Hohensyburgstraße. Hier, bei km 8,72, biegen Sie rechts ab und folgen dem Weg entlang der Straße.

Nach dem roten Backsteinhaus auf der linken Seite wechseln Sie die Straßenseite und gehen links neben der Straße auf dem Fußweg weiter geradeaus. Hier sind der Jakobsweg sowie der Wanderweg X ausgeschildert. Der Weg führt nun etwas oberhalb der Straße um einen P Parkplatz herum. Hinter dem Parkplatz schwenkt der Weg wieder nach rechts und bringt Sie an eine Ampel. Direkt gegenüber liegt mit dem **Road Stop** eine Einkehrmöglichkeit.

Road Stop, Hohensyburgstr. 169, 44265 Dortmund, ☏ 02 31/488 26 60, dortmund.roadstop.de, Mo-Do 11:00-24:00, Fr und Sa 11:00-1:00, So 9:00-24:00

Sie gehen an der Ampel geradeaus über die Straße und halten sich links. Danach ist dann der Dortmunder Stadtteil Syburg erreicht. An der nächsten Ampel halten Sie sich rechts und folgen dann der Beschilderung Richtung Hohensyburg. Vor dem **Sunshine** biegen Sie an der nächsten Kreuzung rechts ab und gehen den Berg hoch Richtung Spielbank.

Sunshine, Hohensyburgstr. 186, 44265 Dortmund, ☏ 02 31/77 49 49 30, www.sunshine-hotel.de, täglich 11:00-23:00

Rechter Hand folgt mit dem **Alt-Syburg** eine weitere Einkehrmöglichkeit.

Alt-Syburg, Hohensyburgstr. 187, 44265 Dortmund, ☏ 02 31/77 47 43, www.altsyburg.de, täglich 11:30-23:00

Schließlich gehen Sie am Parkplatz der Spielbank, der links liegt, den Weg weiter geradeaus bergauf. Sie folgen dem gepflasterten Weg. Den ersten Abzweig ignorieren Sie. Linker Hand sind über die Wiese hinweg die Ruinen der **Hohensyburg** zu erkennen. Auch den nächsten Abzweig links ignorieren Sie und gehen

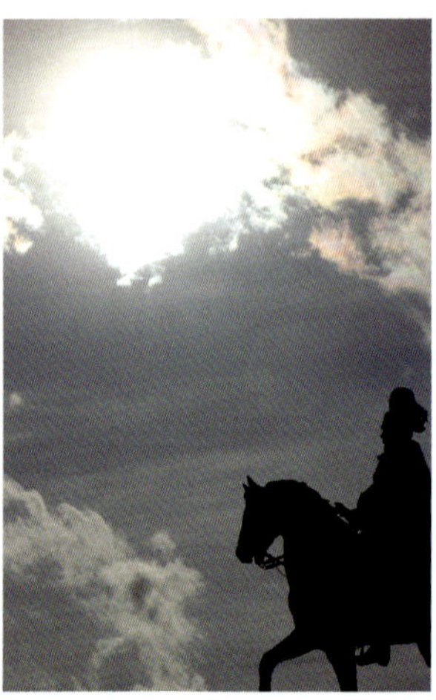
Kaiser Wilhelm hoch zu Ross

weiter geradeaus am Waldrand entlang. Nach einem leichten Anstieg ist dann bei km 10,35 eine weitere herrliche Aussichtsplattform am Fuße des ⌘ Reiterstandbilds von Kaiser Wilhelm erreicht. Von hier bieten sich noch einmal tolle Weitblicke über das Ruhrtal bei Hagen.

Hohensyburg

Seit fast 2.800 Jahren finden sich Siedlungsspuren auf dem heutigen Areal der Hohensyburg. Der Bau der Syburg geht auf das Jahr 1150 zurück. Die Burg wurde wahrscheinlich im 16. oder Anfang des 17. Jahrhunderts aufgegeben. Heute sind lediglich noch Ruinen zu sehen.

Nicht weit von den Burgresten ragt der achteckige Vincketurm 26 m hoch auf. Der Aussichtsturm wurde 1857 zum Andenken an den früheren Oberpräsidenten Westfalens, Ludwig von Vincke (1774-1844), erbaut.

Dritte Landmarke auf dem weitläufigen Areal ist das zwischen 1893 und 1902 in Erinnerung an Kaiser Wilhelm I. errichtete Denkmal mit Standbildern von Otto von Bismarck und Graf von Moltke.

Vom Denkmal wenden Sie sich nach links und laufen Richtung Ruinen. Dort geht es Stufen hinunter. Danach kommen sofort wieder Stufen, die Sie ebenfalls hinuntersteigen. An der ersten Möglichkeit biegen Sie rechts ab und folgen weiteren Stufen, die Sie zu einem Waldweg hinunterbringen. Sie laufen auf dem Waldweg in Serpentinen ins Tal hinab. Wenn der Weg sich schließlich gabelt, nehmen Sie den linken Weg und gehen weiter talwärts.

Bei km 10,93 ist erneut eine Aussichtsplattform erreicht. Der Weg schlängelt sich weiter talwärts. 10 m weiter gabelt er sich und Sie gehen links herunter, immer noch weiter talwärts. Der Weg führt Sie schließlich wieder hinunter auf See-Ebene an eine Straße. Hier halten Sie sich rechts und gehen Richtung Brücke. Nach dem P Parkplatz überqueren Sie auf der Brücke den Hengsteysee.

Am Ende der Brücke gehen Sie nach links, nehmen also die Unterführung unter der stark befahrenen Straße hindurch, um wieder zum Ausgangspunkt Ihrer Wanderung zu gelangen.

14 Schwerte – segensreich unterwegs

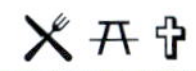

Tour für Landschaftsgenießer und kulturgeschichtlich Interessierte

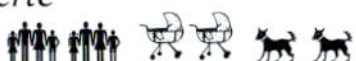

Eine tolle, abwechslungsreiche Tour, für die sich auch eine etwas weitere Anfahrt durchaus lohnt! Es geht auf dem ***Segensweg*** *rund um Schwerte-Ergste durch schmucke Wohnviertel, weite Felder, bergab, bergauf über sanfte Hügel, entlang von kleinen Bächen, durch tiefe Wälder und vorbei an insgesamt zwölf Stationen, die mit Kunstwerken aufwarten. Jedes von ihnen ist einem bestimmten Segensspruch gewidmet und der Weg lädt dazu ein, auf diesen knapp 11 km in sich zu gehen und eine kurze „Pilgerwanderung" zu unternehmen. Auch für Nachwuchswanderer gibt es viel zu entdecken: hier ein toller Spielplatz, dort ein Bächlein, das zum Staudammbauen einlädt, und nicht zu vergessen: die Gefängnismauer der* ***JVA Schwerte****, an der die Wanderung direkt entlangführt …*

Start/Ziel: St.-Johannis-Kirche, Kirchstraße 18, Schwerte-Ergste, GPS N 51°24.910' E 007°34.066'

11,1 km

2 Std. 40 Min.

193 m/193 m

92-154 m

sichelförmiger Halbkreis mit verschieden großen, aneinandergereihten Punkten

Haus Schneider (ca. km 0,5), Schwarzwaldstuben (km 4,5)

zahlreiche Sitzbänke entlang der Tour

Elsebad (km 5,4)

Die abwechslungsreiche Wegführung und die vielen Kunstwerke und Installationen wecken die Entdeckerlust bei Kindern.

Der Weg ist fast durchgehend mühelos mit Buggys befahrbar. Es gibt ein paar kleine Steigungen. Die Treppen am Friedhof können umgangen werden, indem der Weg zurück bis zum Wegkreuz über die Straße genommen wird.

Der Weg ist für Hunde geeignet, führt allerdings zu einem nicht unerheblichen Teil an (wenig befahrenen) Straßen entlang.

P Kostenfreie Parkmöglichkeiten finden sich am Grandweg nahe dem Start/Ziel.

vom Bahnhof Schwerte mit der Buslinie C32 Richtung Ergste, Im Wietloh bis zur Haltestelle Kirchstraße

Sie starten vor der evangelischen **St.-Johannis-Kirche** (www.ev-kirche-ergste.de), die zwischen 1821 und 1824 erbaut wurde. Der Architekt dieses stattlichen Gotteshauses war Friedrich-Wilhelm Bucholtz. Neben dem Portal findet sich auch der sogenannte Grundstein für den Segensweg. Dabei handelt es sich um einen 250 kg schweren Findling, aus dessen zwölf Bohrlöchern Wasser in ein Brunnenbecken fließt. Das Brunnenbecken ist mit einem bunten Mosaik aus Fliesenscherben unterlegt. Entworfen wurde das Ganze von Matthias Holtmann.

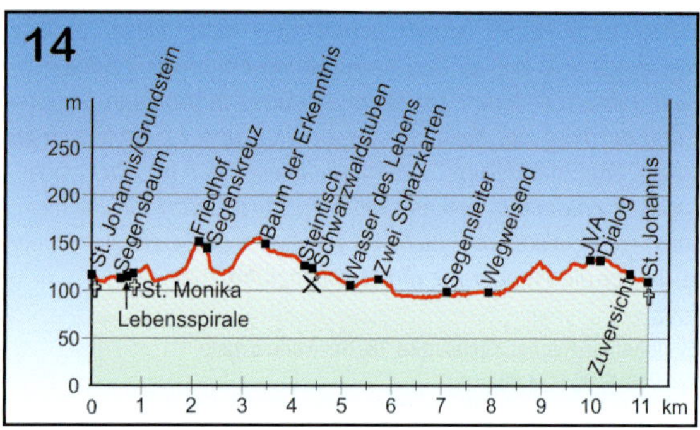

Segensweg

Im Jahr 2003 startete die Johannis-Stiftung mit der Anlage und dem Bau der einzelnen Stationen des Ergster Segensweges. Auf dem Rundweg finden sich insgesamt zwölf Stationen, die von Künstlern gestaltet wurden und die die einzelnen Wegpunkte der Pilgerstrecke markieren.

i Johannis-Stiftung Ergste, Auf dem Hilf 6, 58239 Schwerte-Ergste, ☎ 023 04/701 80, www.segensweg.de

Sie biegen links in die Kirchstraße ab, gehen quasi am Kirchenschiff entlang. Wenn auf Höhe des ersten Hauses links ein Trampelpfad abzweigt, nehmen Sie diesen (nach knapp 60 m Wegstrecke). Der Trampelpfad führt an einem Bachlauf vorbei und über eine Holzbrücke über einen größeren Bach hinüber. Sie treffen auf eine Straße, den Mühlendamm, und biegen links ab. Der Abzweig erfolgt nach 275 m ab Startpunkt. Direkt gegenüber liegt auch ein Edeka-Markt, in dem Sie sich gegebenenfalls noch für ein Picknick unterwegs eindecken können.

Die Schilder für den Segensweg sind teilweise recht verdeckt angebracht, aber generell ist der Weg gut ausgeschildert.

Sie passieren die ✕ **Gaststätte Schneider**, die links liegt, und gehen an der nächsten Möglichkeit rechts.

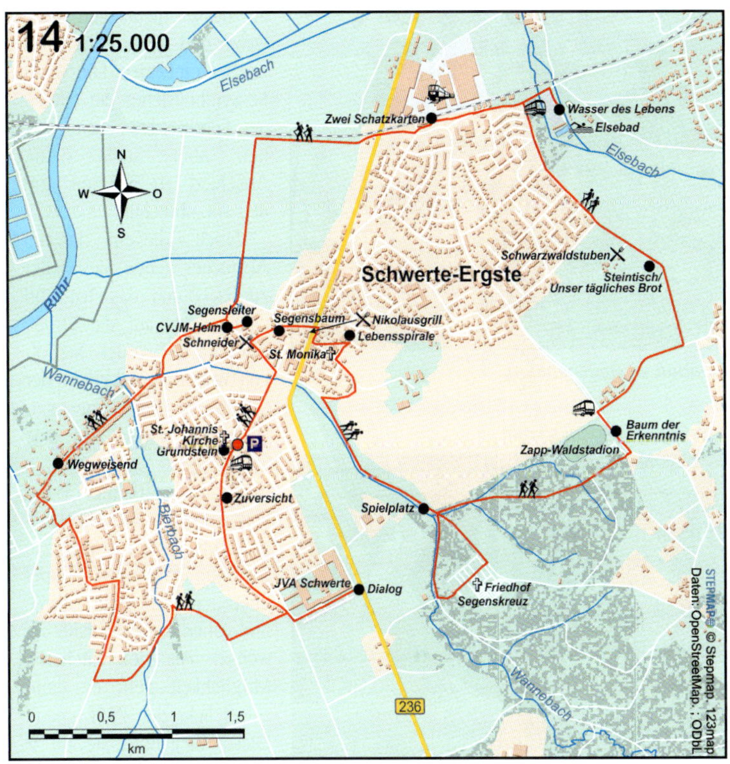

Gaststätte Schneider, Mühlendamm 17, 58239 Schwerte, ☏ 023 04/730 12, schneider-ergste.de, Mo und Mi-Fr 16:30-1:00, Sa 17:00-1:00, So 10:00-14:00 und 16:30-1:00

Die Straße, auf der Sie laufen, ist eine Spielstraße und entsprechend verkehrsberuhigt. Linker Hand kommt das evangelische Gemeindehaus in den Blick. Wenn rechter Hand ein Schild „Evangelischer Kindergarten St. Johannis Ergste" (Auf dem Hilf 7) steht, gehen Sie hier den Fußweg hinauf. Sie laufen durch das Tor zum Kindergarten hindurch und dann liegt linker Hand die Skulptur **Segensbaum**. Das Kunstwerk von Burkhard Vielhauer soll die Verbindung zwischen Himmel und Erde beschreiben. Eine Mutter und ein Kind stehen am Fuße des Segensbaums,

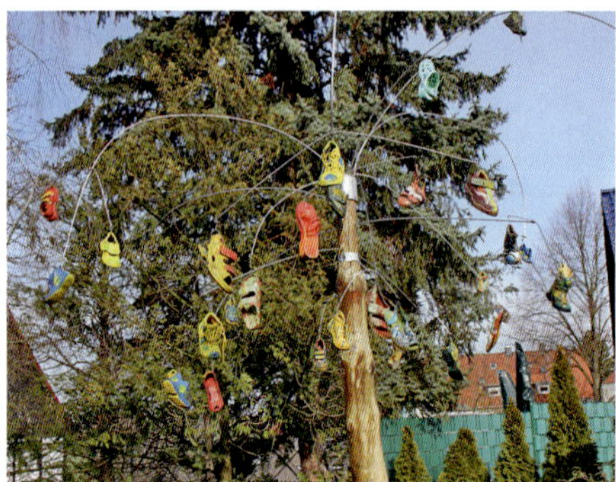

Station 2: Segensbaum

Station 3: Lebensspirale

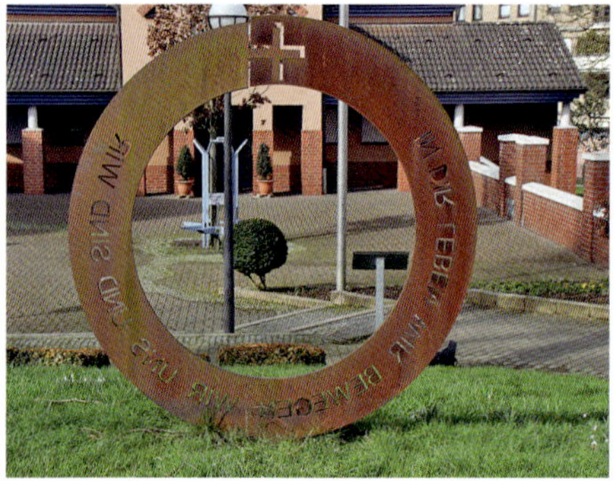

aus dessen metallenen Ästen kleine und große Schuhe zu wachsen scheinen. Die Schuhe symbolisieren die einzelnen Schritte des Lebens, stehen aber auch dafür, Abschied zu nehmen und neu aufzubrechen.

Nach diesem kurzen Abstecher gehen Sie wieder zurück durch das Tor und dann rechts auf die Straße Auf dem Hilf zurück. Sie folgen weiter dem Verlauf der Straße, die leicht ansteigt. Wenn Sie wieder auf eine Straße treffen, biegen Sie rechts ab – rechter Hand liegt hier der ✕ **Nikolausgrill**, eine Imbissstube. An der nun folgenden Ampel überqueren Sie die Straße und gehen dann rechtsherum weiter. An der nächsten Möglichkeit geht es dann sofort links den Pfad hinauf. Dieser Weg führt Sie zur ✝ **katholischen Kirche St. Monika** (Am Kleinenberg 7).

Nach den Garagen halten Sie sich links, auf die Kirche zu. Es geht kurz über den Parkplatz vor der Kirche und dann rechts Richtung Portal. Sie wandern unter dem Torbogen hindurch und geradeaus weiter, dann kommt schon die nächste Station des Segensweges rechts in den Blick: ein runder, rostiger Kreis mit großer Öffnung. Diese Station heißt **Lebensspirale**. Pater Abraham entwarf die Stahlkonstruktion als ein Symbol für das Leben.

Wenn Sie wieder auf eine Straße treffen, halten Sie sich rechts und gehen noch einmal an der Kirche vorbei. An der nächsten Möglichkeit biegen Sie dann links ab. Während auf der rechten Seite noch vereinzelt Häuser zu sehen sind, kommen auf der linken Seite große Felder und Wiesen in den Blick. Sie folgen dem

Verlauf der kleinen Straße, die nun nach rechts abknickt. Es geht leicht bergab. Nun kommt ein kleines Waldstück mit einem Kriegsdenkmal, dort wird der Gefallenen der beiden Weltkriege gedacht.

Nach dem Denkmal treffen Sie auf eine Straße, hier biegen Sie in den Friedhelm-Mann-Weg ab. Der kombinierte Fuß- und Radweg führt Sie durch ein Landschaftsschutzgebiet, parallel zu einem kleinen Bach. Linker Hand liegt ein kleines Wäldchen, das Sie auf dem gemütlichen Wanderweg begleitet.

Bei km 1,75 ist auf der rechten Seite ein Parcours mit Fitnessgeräten erreicht. Hier finden sich auch zahlreiche Bänke, um eine Pause einzulegen, und Kinder haben Spaß am riesigen Schaukelkorb und weiteren kleinen Spielattraktionen.

Wanderer, die mit Kinderwagen oder Rollstuhl unterwegs sind, können sich die Schleife über den Friedhof sparen und bereits nach dem Spielplatz direkt links abbiegen.

Sie treffen auf eine Wegkreuzung und setzen Ihren Weg weiter geradeaus fort. Der Weg steigt nun etwas steiler an. Wenn Sie sich der Anhöhe nähern, liegt rechter Hand der **Friedhof** von Ergste. An der ersten Möglichkeit biegen Sie rechts ab und gehen durch das Portal hindurch auf den Friedhof. Sie wandern nun direkt auf die ✞ Andachtshalle zu, die die nächste Wegstation auf dem Segensweg markiert. Das aus Kiefernholz gefertigte **Segenskreuz** von Jan van Nahuijs ist als Schmuck auf der Front der Andachtshalle angebracht.

Sie setzen Ihren Weg links von der Andachtshalle fort und gehen insgesamt 71 Stufen hinunter. Nun treffen Sie auf einen breiten Waldweg, auf den Sie rechts abbiegen. Links verläuft ein Bach. Wenn Sie am Spielplatz wieder auf den kombinierten Rad- und Fußweg treffen, überqueren Sie diesen geradeaus.

Sie passieren eine Schranke und gehen weiter auf einem geschotterten, breiten Weg durch ein Waldstück. Der Weg in den Wald hinein steigt nun wieder leicht an. Bei km 3,28 erscheint links am Waldrand ein Fußballplatz. Der Kunstrasen gehört zum **Zapp-Waldstadion**. Direkt nach einer Schranke kurz vor der Straße gehen Sie linksherum und an einem Parkplatz entlang. Am Ende des Parkplatzes, am Rande des Sportplatzes, liegt die nächste Station des Segensweges.

An dem von Andrea Schütte entworfenen **Baum der Erkenntnis**, einem metallenen Kunstwerk mit einem knallroten, angebissenen Apfel am Fuße, gehen Sie dann vorbei und rechts auf den Fußweg. Auf diesem wandern Sie für ein kurzes Stück parallel zur Straße. Nach 100 m erreichen Sie die Bushaltestelle. In den Höfen und steigen rechts die sieben Stufen hinauf (km 3,64). Nachdem Sie sie erklommen haben, überqueren Sie die zum Teil stark befahrene Straße und laufen in die Straße Höfen hinein.

Sie passieren einen Pferdehof, der auf der linken Seite liegt. Rechts liegen große Felder und Wiesen. An der nächsten Möglichkeit biegen Sie (bei km 4,06) in die Straße Am Elsebad ab. Hier ist auch der Weg Richtung ✕ Schwarzwaldstuben ausgeschildert. Es geht nun mit einer herrlichen Aussicht zwischen Feldern und Wiesen hindurch leicht bergab. Nach einer Linkskurve liegt unter einem imposanten Baum bei km 4,4 die nächste Station des Segensweges – ein einladender Steintisch mit der Inschrift **„Unser tägliches Brot"**. Der von Ludger Schüttert geschaffene Mühlstein aus Granit ist auch ein perfekter Platz für ein Picknick.

80 m weiter liegt links die Einfahrt zu den ✕ **Schwarzwaldstuben.**

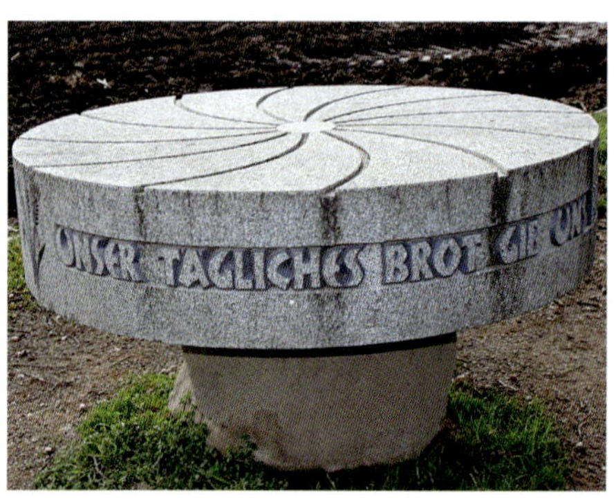

Station 6: Unser tägliches Brot

✕ Schwarzwaldstuben, Am Elsebad 82, 58239 Schwerte, ☏ 023 04/731 12, Mo-Fr 14:00-21:00, Sa und So 11:00-21:00

Sie gehen weiter geradeaus. Bei km 4,6 passieren Sie ein Ortseingangsschild von Ergste, links liegen einige Häuser, rechts Felder und Wiesen. Wenn die Straße Am Elsebad endet und auf eine T-Kreuzung trifft, biegen Sie rechts ab. Hier liegt auch die Bushaltestelle Ergste Elsebad. Dann kommt rechts auch das besagte **Elsebad** (Am Winkelstück 113) in den Blick. Nach der Einfahrt zum Parkplatz biegen Sie sofort rechts auf den Fußweg ab. Rechts liegt der Parkplatz, links verläuft wieder ein Bach. Unmittelbar vor dem Eingang des Schwimmbads liegt links die nächste Station des Segensweges bei km 5,44.

Das Kunstwerk **Wasser des Lebens** ist direkt in den Bach hineingebaut und lädt zum Klettern ein. Der aus Ruhrsandstein geschaffene Übergang soll für die Erinnerung an die Taufe oder auch die Entscheidung für die Taufe stehen.

Von dieser Station kehren Sie wieder zurück zur Straße. An der Straße halten Sie sich wieder links und gehen zurück am Parkplatz vorbei auf die Bushaltestelle zu. Nach der Bushaltestelle laufen Sie weiter geradeaus, überqueren also die Straße Am Elsebad und gehen auf dem Bürgersteig auf der linken Seite weiter. Wenn bei km 5,67 links eine Stahltreppe und rechts ein Garagenhof in den Blick kommen, wechseln Sie die Straßenseite. Sie gehen zu den Garagen hinüber, geradeaus weiter, nicht die Straße hoch, sondern den rechts daneben liegenden Weg entlang.

Sie kommen schließlich auf einen Parkplatz und laufen direkt auf das Bahnhofsgebäude von Schwerte-Ergste zu. An dem Anbau des Gebäudes ist direkt rechts die nächste Station des Segensweges zu erkennen: eine Metallskulptur von Simone Rynk mit dem Namen **Zwei Schatzkarten.** Das Kunstobjekt aus Stahlblech, Acryl und Holz stellt die Fragen in den Fokus, welchen Schatz ein jeder Mensch auf seinem Lebensweg finden möchte und zu welchem Ziel er unterwegs ist.

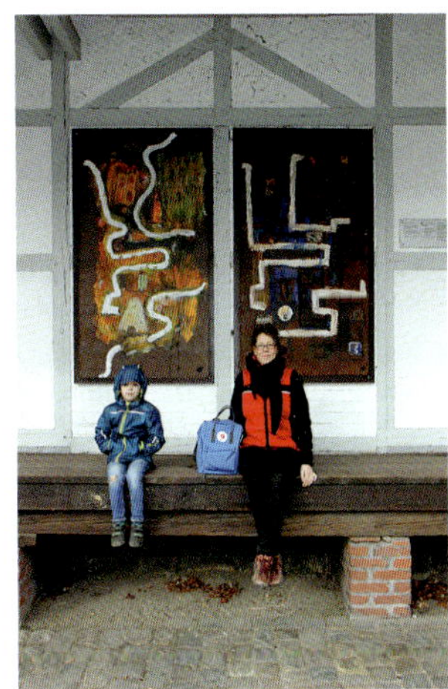

Station 8: Schatzkarten

Wenn Sie nach dem Bahnhofsgebäude auf eine Straße treffen, wandern Sie nach rechts. An der nächsten Ampel gehen Sie erst links und dann rechts über die Straße hinüber, also quasi geradeaus über die Kreuzung. Nachdem Sie die zweite Ampel und damit die Letmather Straße überquert haben, wandern Sie auf dem kleinen Weg weiter geradeaus. Sie laufen jetzt also quasi unterhalb des Bahndamms weiter und folgen dem asphaltierten Weg mit dem Bahndamm zur Rechten und den großen Feldern zur Linken. Über die Felder hinweg ist die Spitze der St.-Johannis-Kirche in Ergste zu sehen, die der Startpunkt der Tour war.

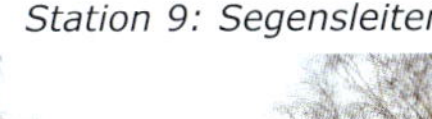

Station 9: Segensleiter

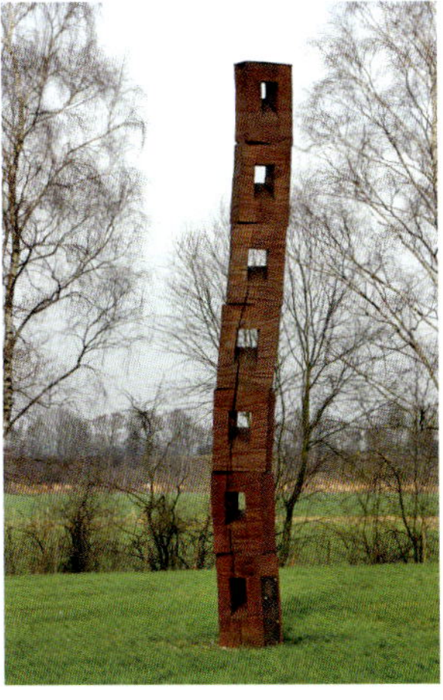

Bei km 6,55 nehmen Sie den ersten Abzweig nach links durch die Felder hindurch. Der Weg ist auch Richtung Bathey, das in 10 km Entfernung liegt, und Richtung Hagen-Zentrum, das in 17 km Entfernung liegt, ausgeschildert. Wenn Sie bei km 7,17 auf eine Straße treffen, biegen Sie links ab, dort ist auch das **CVJM-Heim** zu sehen. Direkt am CVJM-Heim biegen Sie wiederum nach links ab und gehen auf das **Alte Pfarrhaus** (Lindenufer

6) zu. Auf der Wiese vor dem historischen Gemäuer ist die nächste Station des Segensweges zu finden: die **Segensleiter**. Karl Imfeld schuf das 5 m hohe Kunstwerk aus einem Eichenholzstamm. Die Skulptur soll an die Geschichte von Jakobs Traum aus 1. Mose 28 erinnern, wo von einer Leiter erzählt wird, die Erde und Himmel miteinander verbindet.

Von der Segensleiter aus gehen Sie den Weg wieder zurück Richtung CVJM-Haus. An der nächsten Kreuzung wandern Sie dann rechtsherum. Dann folgen Sie der Straße (Lindenufer) linksherum. Mit Schrebergärten und Feldern zur Rechten und Häusern zur Linken folgen Sie der Straße geradeaus. Vor Ihnen fällt nun in der Ferne die Autobahn A45 in den Blick. Wenn rechts die Straße Am Kämpchen abzweigt, gehen Sie weiter geradeaus. Wenn Sie auf die Unterdorfstraße treffen, biegen Sie rechts ab und folgen dem Verlauf der Straße.

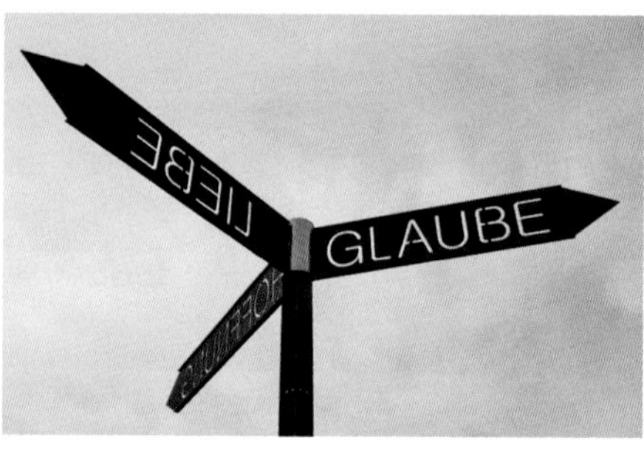

Station 10: Wegweisend

Bei km 8,21 ist an der Unterdorfstraße die nächste Station des Segensweges erreicht, eine Skulptur namens **Wegweisend**. Mirko Stefan Elfert schuf das Stahlkonstrukt. Die Wörter Glaube, Hoffnung und Liebe weisen hier in unterschiedliche Richtungen, haben aber, so die Darstellung der Macher des Segensweges, einen gemeinsamen Ursprung. Mit dem Kreuz als Ausgangspunkt weisen sie in die Welt hinaus. Sie führen ins Leere und ins Ungewisse.

Sie gehen weiter geradeaus die Unterdorfstraße entlang. Nach dem Haus Nummer 47a biegen Sie links ab (km 8,32). Nun geht es an besagtem Haus vorbei auf einem Trampelpfad an einer Wiese entlang. Linker Hand ist wieder die Kirchturmspitze der evangelischen Kirche, Ihres Ausgangspunkts, zu erkennen. Der Weg führt Sie schließlich wieder an eine Straße. Sie biegen hier links ab und an der nächsten Möglichkeit dann rechts. Dort ist die Zufahrt zur Straße mit großen Bügeln für Autos abgesperrt.

Sie folgen dem Verlauf der Straße, die leicht bergauf führt. Wenn rechts die Straße Kampwiese abzweigt, laufen Sie weiter geradeaus. An der nächsten Möglichkeit biegen Sie dann links ab. Am Ende der Straße geht es nach rechts. Die Straße Im Wietloh führt leicht bergauf und Sie zum Ortsausgang von Ergste. Sie wandern zwischen Feldern und Wiesen und an der nächsten Möglichkeit biegen

Sie erneut links ab. Sie folgen der asphaltierten Straße, die nun leicht bergab führt. An der nächsten Gabelung biegen Sie dann nicht rechts ab, sondern folgen der Straße, die von einem Bach begleitet wird. Wenn Sie an einen Wendeplatz kommen, wandern Sie rechts die Straße hinauf. Wenn die Straße leicht bergauf führt, ist linker Hand das Gelände der **Justizvollzugsanstalt Schwerte** zu sehen.

An der nächsten Gabelung biegen Sie links ab und laufen direkt auf die JVA zu. Unmittelbar vor der Gefängnismauer geht es dann rechtsherum. An der nächsten Möglichkeit wenden Sie sich nach links, wo es auch zum Parkplatz der JVA geht. Vor dem Gebäude fällt eine Pyramide mit verschiedenen geschnitzten Köpfen in den Blick. Am Ende des Parkplatzes ist dann die nächste Station und damit das nächste Kunstwerk des Segensweges erreicht. Die von Heribert Prause geschaffene Skulptur aus Edelstahl und Aluminium trägt den Namen **Dialog**. Die Hauptblickachse fällt auf zwei gegenüberliegende Gesichter, deren Position und Höhe sich durch den Wind verändert. Das Kunstwerk soll das Miteinander verschiedener Personen und gesellschaftlicher Partner symbolisieren. Mit der Bewegung zeigt die kinetische Skulptur symbolisch das fragile Gleichgewicht der Menschen.

Station 11: Dialog

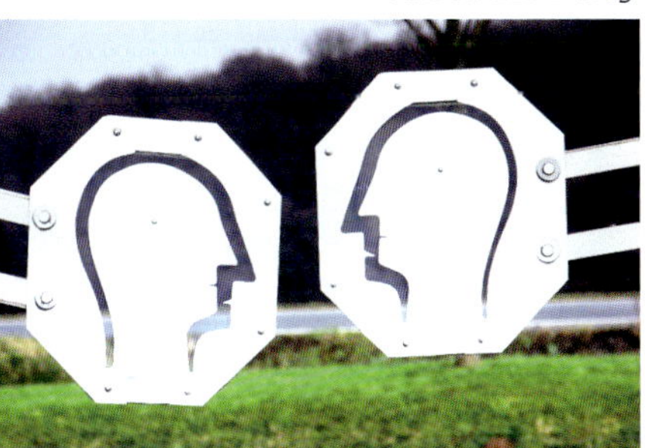

An der Station drehen Sie wieder um und gehen parallel zum Parkplatz zurück, am Gebäude der JVA vorbei. Am Ende der Gefängnismauer halten Sie sich wieder rechts und gehen geradeaus in die Spielstraße hinein, die Gillstraße, mit der JVA zur Rechten.

Sie folgen dem Verlauf der Gillstraße, überqueren schließlich die Schubertstraße und gehen weiter geradeaus. Wenn Sie auf die Hauptstraße, die Ruhrtalstraße, treffen, überqueren Sie auch diese geradeaus. Sie befinden sich nun wieder in der Kirchstraße, die Sie zu Ihrem Ausgangspunkt an der Kirche zurückführt.

Zuvor passieren Sie noch die **Feuerwehr Ergste**, wo rechter Hand eine weitere Station des Segensweges die Mauer zwischen den einzelnen Garagentoren der Einsatzfahrzeuge ziert: die Skulptur **Zuversicht** von Holger Hülsmeyer. Das Kreuz aus Eichenholz ist ein Symbol für Wachsamkeit.

Dann folgen Sie der Kirchstraße weiter geradeaus. Sie kommen schließlich wieder zur St.-Johannis-Kirche, wo der Rundgang nach knapp 11,1 km endet.

15 Holzwickede – Stadt, Land, Fluss

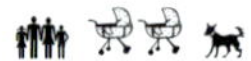

Tour für Landschaftsgenießer

Die Emscher ist auf dem ersten Stück zwischen der Quelle in Holzwickede und dem Dortmunder Stadtteil Aplerbeck Ihr ständiger Begleiter. Dabei lässt sich in diesem Abschnitt sicher nicht erahnen, dass der Bach in seinem weiteren Verlauf zu einem der bedeutenden Industrieflüsse des Ruhrgebiets anwachsen wird. Vom Zentrum Aplerbecks mit der charmanten Georgskirche und dem historischen Rathaus geht es schließlich quer durch den Stadtteil in ein Waldgebiet und über die Ausläufer des Haarstrangs zurück zur Emscherquelle.

Start/Ziel: Parkplatz des Emscherquellhofs, Quellenstraße 2, Holzwickede, GPS N 51°29.419' E 007°36.719'

12,6 km

2 Std. 35 Min.

122 m/122 m

102-194 m

Für die Rundstrecke gibt es keine einheitliche Markierung. In Teilen weist die blaue-weiße Beschilderung mit dem Schriftzug „Emscher-Weg" und teilweise das Wanderzeichen D den Weg.

La Stella (ca. km 3), Georg's Klause (ca. km 5,2), Eichholzklause (ca. km 9,9)

zahlreiche Sitzbänke entlang der Tour

Weite Waldgebiete und die Uferzone der Emscher üben wohl den größten Reiz auf die Kleinen aus.

Der Weg ist fast durchgehend gut befahrbar, auch wenn hier und da ein paar Steigungen warten. Ein kleines Stück geht es holperig über ein Feld.

Der Weg ist für Hunde geeignet – auch wenn es zwischenzeitlich durch das Zentrum von Aplerbeck geht, wo die Vierbeiner angeleint werden sollten.

P Ein kostenfreier Parkplatz steht am Start/Ziel zur Verfügung.

vom Bahnhof Holzwickede mit der Buslinie R51 Richtung Opherdicke bis zur Haltestelle Landskrone, von dort ca. 20 Gehminuten

⌘ Emscherquellhof

Die 81,5 km lange Emscher entspringt südlich der Holzwickeder Innenstadt auf dem Gelände des sogenannten Emscherquellhofs auf knapp 160 m über Normalnull. Der ehemalige Lünschermannshof, dessen Geschichte bis in das Jahr 1801

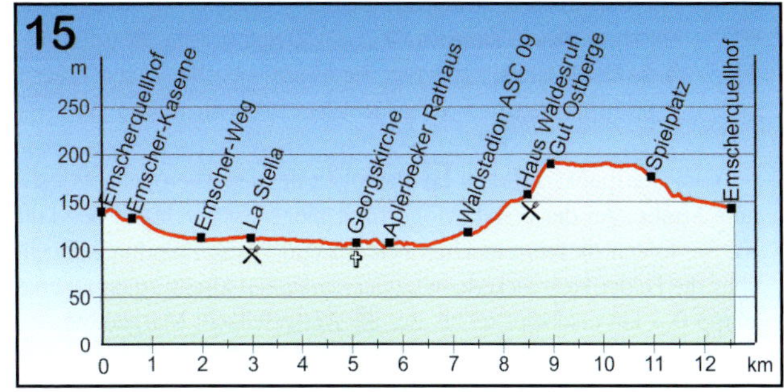

zurückreicht, besteht aus einem kleinen Fachwerkensemble mit Hauptgebäude, einem ausgebauten Stallgebäude sowie einem ehemaligen Backhaus. Im Innenhof des Anwesens liegt in einem kleinen Teich der Quellbereich der Emscher. Der Zulauf zum Quellteich erfolgt unterirdisch.

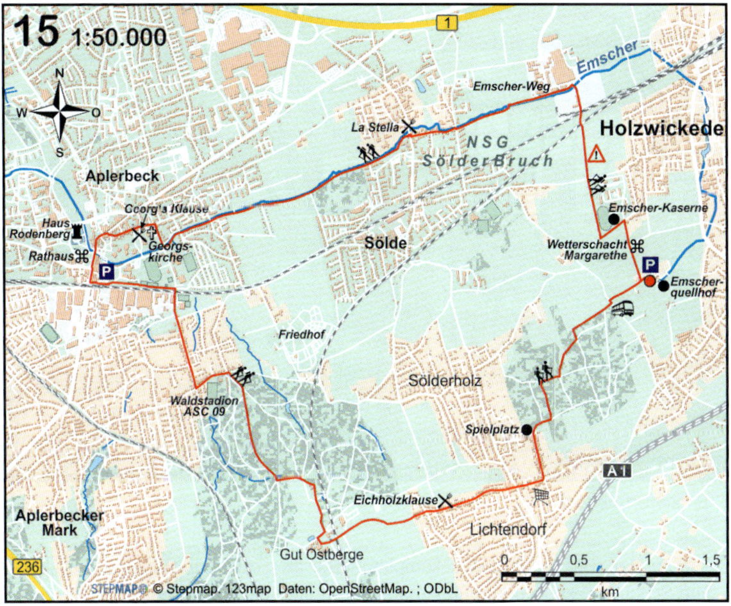

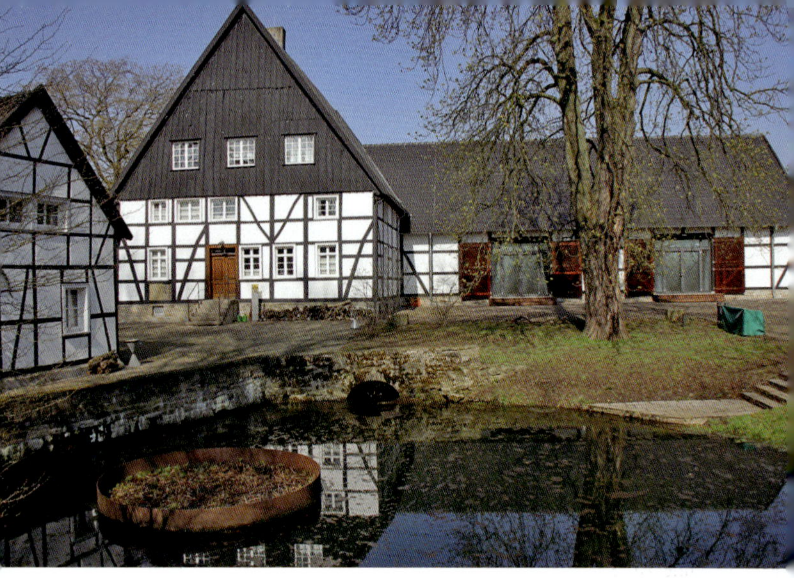

Emscherquellhof

Genutzt wird der Gebäudekomplex heute als Fortbildungsstätte, Sitzungs- und Schulungszentrum und für Ausstellungen über die wasserwirtschaftliche und industriegeschichtliche Entwicklung der Emscher.

♦ Emscherquellhof, Quellenstraße 2, 59439 Holzwickede, ☏ 023 01/91 98 17, die Quelle ist frei zugänglich, die Ausstellung jeden 2. und 4. Sonntag im Monat 11:00-16:00 sowie nach vorheriger telefonischer Anmeldung

Vom Startpunkt auf dem **P** Parkplatz des Emscherquellhofs gehen Sie Richtung Straße. An der ersten Möglichkeit biegen Sie rechts in den Luftschachtweg ab. Sie folgen diesem zwischen Feldern und Wiesen hindurch. Rechter Hand ist über die Felder Holzwickede mit zwei markanten Kirchtürmen zu erkennen. Nach knapp 0,3 km erscheint rechts der ⌘ **Wetterschacht Margarethe**.

⌘ Wetterschacht Margarethe

Obwohl der Wetterschacht in Holzwickede zu finden ist, gehörte er zum ehemaligen Bergwerk Vereinigte Margarethe im benachbarten Dortmund, das im Jahr 1856 gegründet wurde. Die Schachtanlage Margarethe wurde von 1900 bis 1926 genutzt und dann verfüllt. Der Bergbauhistorische Verein Holzwickede hat die Einrichtung am Luftschachtweg ein Stück weit rekonstruiert.

Der aufgestellte Dreibaum mit einer Seilwinde und Eimer gehörte nicht zum eigentlichen Wetterschacht, sondern wurde aus optischen Gründen hinzugefügt. Allerdings trägt das Ganze dazu bei, anschaulich zu vermitteln, wie in früheren Jahren in Teilen des Ruhrgebiets eimerweise versucht wurde, Kohle zu fördern – allerdings nicht an diesem Schacht!

Wetterschacht Margarethe

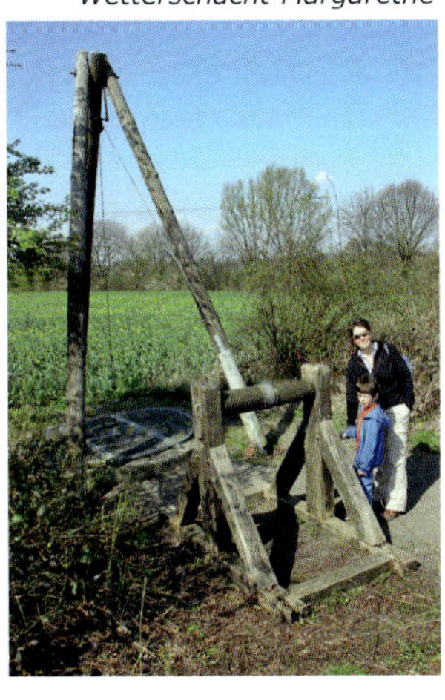

Sie folgen weiter dem Luftschachtweg, einer schönen Allee, leicht bergab. Unmittelbar vor der ehemaligen **Emscher-Kaserne** biegen Sie links ab. Hier ist auch ein Ortsausgangsschild von Holzwickede zu finden. Sie müssen nun ein kurzes Stück am ehemaligen Kasernengelände an einer Straße entlanggehen. Diese ist aber kaum befahren. Am Ende des Zauns biegen Sie an der ersten Möglichkeit rechts ab. Das ist etwa bei 0,73 km. Sie folgen einem asphaltierten Weg, das Kasernengelände zur Rechten und Felder zur Linken. Schließlich treffen Sie auf die Sölder Straße und überqueren diese geradeaus, um ein Stück an der Schäferkampstraße entlangzugehen. ✋ Achtung, an dieser Straße gibt es keinen Bürgersteig, man sollte sicherheitshalber auf dem Feldrand laufen.

Die Schäferkampstraße bringt Sie zu einer Unterführung, durch die Sie hindurchgehen. Nach der Brücke liegt linker Hand das ❀ **Naturschutzgebiet Sölder Bruch**. Als Nächstes überqueren Sie einen Bahnübergang. Die Route führt Sie nun für ein sehr kurzes Stück durch ein Industriegebiet hindurch. Hier findet sich auf der rechten Seite ein Bürgersteig. Direkt in einer Linkskurve geht links ein Weg ab, der als ✎ **Emscher-Weg** ausgezeichnet ist. In diesen biegen Sie ein (km 1,8).

Sie folgen nun dem geschotterten Rad- und Fußweg mit der Emscher zur Linken. Der Weg bringt Sie schließlich hinaus aus dem Gewerbegebiet Holzwickede. Ungestört von Autoverkehr verläuft dieser idyllische Weg nun direkt an der gemächlich dahinplätschernden Emscher entlang, begleitet von dem Gezwitscher zahlreicher Vögel. Mit einem Links-Rechts-Schwung geht es über eine Holzbrücke auf die andere Seite des Flusses, wo Sie weiter am Ufer voranschreiten. Linker Hand liegt nun wieder das **Naturschutzgebiet Sölder Bruch**. Der Weg führt Sie nun auf die ersten Häuser des Dortmunder Stadtteils **Sölde** zu.

Sie überqueren die Straße Am Kapellenufer geradeaus und folgen dann der Nathmerichstraße (km 2,7). Nun geht es durch eine kleine Wohnsiedlung hindurch, wo viele Anwohner durch Fahnen und Wimpel ihre Anhängerschaft zum BVB kenntlich machen. Sie passieren das **Feuerwehrgerätehaus** der Löschgruppe Sölde, das auf der rechten Seite liegt, und gelangen zur Sölder Straße. Mithilfe der Ampel überqueren Sie die Straße, um geradeaus auf dem Emscher-Weg weiterzugehen. Direkt an der Ecke liegt mit ✗ **La Stella** eine Pizzeria.

✗ La Stella, Sölder Straße 70, 44289 Dortmund, ☏ 02 31/40 97 25, www.lastella-pizza.de, Mo-Do 11:30-13:30 und 17:00-22:30, Fr 11:30-14:30 und 17:00-23:00, Sa 12:30-23:00, So und Fei 12:30-22:30

Der geschotterte Weg bringt Sie mit der Emscher zur Rechten wieder aus Sölde hinaus. Mit einem Wald links und Feldern und Wiesen rechts geht es auf die ersten Häuser von **Aplerbeck** zu. Kurz bevor Sie den Dortmunder Stadtteil erreichen, liegt rechts ein kleines Stauwerk für die Emscher, das dazu dient, die Pegelstände des nun breiter werdenden Flusses zu kontrollieren. Sie treffen schließlich auf die Vieselerhofstraße und überqueren diese geradeaus. Danach setzen Sie Ihre Wanderung auf dem Emscher-Weg parallel zum Ufer fort. Sie treffen schließlich auf die Abteistraße, überqueren auch diese geradeaus und gehen weiter am Ufer entlang. Auch die Schweizer Allee wird geradeaus überquert. Auf der anderen Straßenseite halten Sie sich dann rechts und gehen auf die ✝ **Georgskirche** zu, die unmittelbar nach einem hübschen Fachwerkhaus folgt.

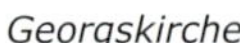

Georgskirche

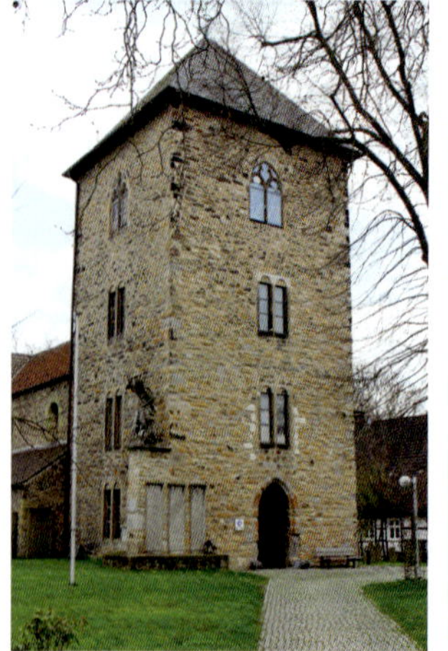

✝ Georgskirche

Die Kreuzbasilika, deren Ursprünge rund um das Jahr 1150 liegen sollen, besitzt einen besonderen Turm: Das Gemäuer aus Sandstein fungierte ursprünglich als Wehrturm für die Aplerbecker Bevölkerung und verfügte über Schießscharten.

Anfang des 15. Jahrhunderts wurde das Gotteshaus im gotischen Stil umgebaut und der Turm verlor seine Schutzfunktion. 1869 zerstörte ein Blitzschlag Teile der Kirche und des Turms. Erst 1926 wurde mit der Wiederherstellung begonnen. In den 1970er-Jahren folgten weitere Renovierungsarbeiten. Ältester erhaltener Bestandteil der Kirche ist heute der Taufstein aus dem 12. Jahrhundert (mit Ergänzungen aus den 1980er-Jahren). Auf ihm werden in fünf Szenen biblische Geschichten aus dem Leben Jesu erzählt.

www.georgsgemeinde.de

Nach der Kirche biegen Sie links ab. Sie folgen nun der von einigen hübschen Fachwerkhäusern gesäumten Ruinenstraße für ein kleines Stück. Linker Hand liegt die **Gaststätte Georg's Klause** direkt neben der Kirche.

Georg's Klause, Ruinenstraße 35, 44287 Dortmund, ☎ 02 31/44 31 38, georgsklause-dortmund.de, Di-Do 14:00-23:00, Fr und So ab 14:00, Sa ab 12:00

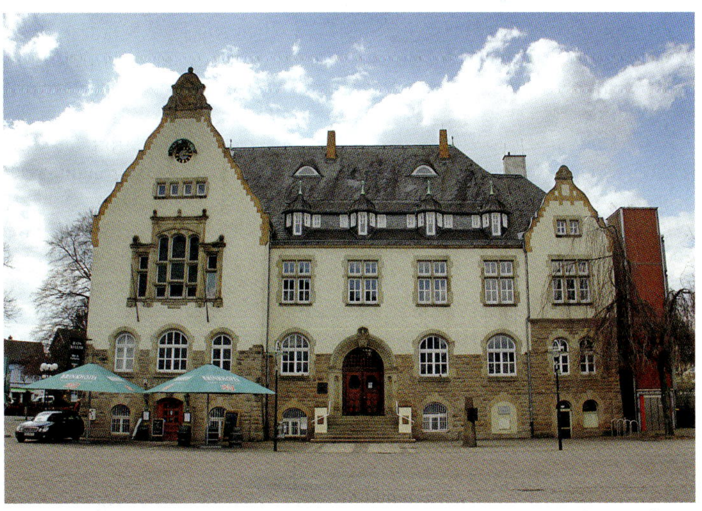

Historisches Rathaus

Sie überqueren den Diakon-Koch-Weg. Die Ruinenstraße bringt Sie schließlich an die Köln-Berliner-Straße, in die Sie links abbiegen. Dies ist die Haupteinkaufsstraße mit zahlreichen Geschäften. Nach einer Linkskurve kommt rechter Hand am Marktplatz das schöne ⌘ **alte Rathaus** von Aplerbeck in den Blick, das nach Plänen von Wilhelm Stricker im Jahr 1907 fertiggestellt wurde. Rechts neben dem Rathaus liegt in einem Park das hübsche Wasserschloss **Haus Rodenberg**, dessen Geschichte bis in das Jahr 1290 zurückreicht und das heute von der Volkshochschule sowie der **Märchenbühne** (www.die-maerchenbuehne.de) genutzt wird.

Sie gehen weiter die Köln-Berliner-Straße entlang, mit dem Rathaus zur Rechten. Dann überqueren Sie die Straße an der Ampel und halten sich auf der anderen Straßenseite links. Sie gehen ein Stück die Strickerstraße entlang und auf das Parkhaus von Kaufland zu, um dann rechts in den kleinen Weg neben dem Parkhaus einzubiegen. Rechter Hand verläuft nun etwas oberhalb auf einem Damm eine Bahnlinie. Der geschotterte, breite Weg führt Sie durch eine Grünanlage an einer Schule entlang. Es geht vorbei an einer Skateranlage und einem Spielplatz. Wenn Sie wieder auf die Schweizer Allee treffen, biegen Sie rechts ab und gehen durch den Eisenbahntunnel hindurch. Linker Hand liegt das Gelände des Tennisclubs TC Rot-Weiß Aplerbeck.

Sie überqueren die Gruelsiepenstraße. Die schön angelegte Schweizer Allee steigt nun leicht an. Auch der Schmale Weg wird geradeaus überquert. Wenn die Schweizer Allee auf die Schwerter Straße trifft, biegen Sie links ab. Sie folgen für ein Stück der Beschilderung des Radweges R10. Es geht am **Waldstadion** des ASC 09 Dortmund vorbei. Nach dem Clubgelände des BSC Aplerbeck gehen Sie rechts in den Aplerbecker Wald. Die gleichnamige Straße bringt Sie an einer Schranke vorbei auf einem breiten Weg in den Wald hinein. Die geschotterte Wanderautobahn steigt leicht an. Den ersten Abzweig nach links ignorieren Sie und gehen weiter leicht ansteigend geradeaus durch den Wald. An der nächsten Kreuzung im Wald, bei km 8,4, halten Sie sich dann links.

Der Weg führt nun am Waldrand mit einem Feld zur Rechten auf ein Haus zu, die ehemalige Gaststätte **Haus Waldesruh**. Nach dem Haus Waldesruh halten Sie sich rechts und folgen dem asphaltierten Weg, der teilweise etwas steiler ansteigt. Den ersten Abzweig nach links ignorieren Sie und gehen weiter bergan. Sie treffen schließlich auf die Ostberger Straße, hier biegen Sie rechts ab. Geradeaus liegt hier das Tiercenter Lichtendorf. An der nächsten Möglichkeit halten Sie sich dann links, unmittelbar vor der Reitanlage Gödde, **Gut Ostberge**. Die Straße beschreibt auf dem Gelände des Reiterhofes eine große Linkskurve. Wenn die Straße nach dem Pferdehof nach rechts abschwenkt, gehen Sie geradeaus auf dem Feldweg weiter.

Ab hier ist der Weg mit dem Wanderzeichen D in einem Kreis markiert. Folgen Sie nun der Beschilderung bis zum Emscherquellhof. Sie wandern weiter zwischen Feldern hindurch am Rande des Haarstrangs. Rechter Hand bieten sich herrliche Blicke auf die grüne Seite des weiten Ruhrtals. Der Weg führt Sie schließlich im Dortmunder Ortsteil **Sölderholz** an die Eichholzstraße. Hier setzen

Sie Ihren Weg geradeaus fort. Sie überqueren die Kreuzung Ostenberg- und Schulstraße geradeaus und folgen weiter der Eichholzstraße, vorbei an der ✕ **Eichholzklause**.

✕ Eichholzklause, Eichholzstraße 5a, 44289 Dortmund, ☏ 020 34/409 54, Mo-So ab 16:00, So auch 10:00-13:00

Sie passieren die Ulmenstraße und gehen weiter geradeaus. Auch die Kastanienstraße wird passiert. Wenn Sie auf die Lichtendorfer Straße treffen, überqueren Sie diese geradeaus und gehen Richtung Edeka-Markt (Mo-Sa 8:00-20:00) bzw. Sparkasse. Sie sind nun in der Nelkenstraße.

An der nächsten Möglichkeit biegen Sie dann links in die Dahlienstraße ab (km 10,8). Der Weg durch das Wohngebiet führt leicht bergab. Am Ende des Weges, wenn links vor Ihnen ein Spielplatz erscheint, biegen Sie rechts ab. Sie laufen ein Stück über den P Parkplatz und dann links weiter über den breiten Waldweg. An der ersten Gabelung im Wald gehen Sie geradeaus, also rechts am Zaun an der Wiese entlang. Nach dem Zaun überqueren Sie eine Wegkreuzung geradeaus, um dann an der nächsten Möglichkeit sofort links abzubiegen.

Sie folgen weiter dem ✎ Wanderzeichen D in einem Kreis, während es bergab geht, durch das sogenannte **Sölderholz**, wie der Wald hier heißt. An der nächsten großen Kreuzung im Wald halten Sie sich rechts (km 11,5). Wenn dann zwei Wege nach links abbiegen, nehmen Sie den zweiten, der weiter mit dem D im Kreis ausgeschildert ist (km 11,68). 100 m weiter gabelt sich der Weg, dort halten Sie sich rechts, gehen praktisch auf die grüne Wiese zwischen den beiden Waldstücken zu.

Sie überqueren das Wiesenstück geradeaus, um weiter durch den Wald zu gehen. Nach dem Mischwald laufen Sie nun durch einen Nadelwald. An der nächsten T-Kreuzung bei km 12 halten Sie sich links und wandern Richtung Feld. Unmittelbar vor dem Feld biegen Sie rechts ab und gehen ein Stück entlang des Waldrandes. Der Weg bringt Sie schließlich an die Landskroner Straße. Über das Feld hinweg sind wieder die Kirchturmspitzen von Holzwickede zu sehen, die Sie schon am Anfang der Tour begleitet haben.

An der Landskroner Straße halten Sie sich links, um dann sofort wieder rechts in die Quellenstraße abzubiegen. Dort ist es auch wieder der Emscherquellhof ausgeschildert. Sie ignorieren den ersten Abzweig nach rechts und gehen weiter geradeaus, um wieder zum P Parkplatz zu gelangen. Wenn der Luftschachtweg links abzweigt, ist geradeaus der Parkplatz erreicht. Vor Ihnen liegt wieder das Fachwerkensemble des Emscherquellhofs, das Startpunkt für die Rundtour war.

⑯ Waltrop – quer durch die Ruhrgebietstropen

Tour für Landschaftsgenießer, industriegeschichtlich Interessierte und Familien

Der Startpunkt ist zugleich der Endpunkt und mit dem alten und neuen Schiffshebewerk Henrichenburg der Höhepunkt der Wandertour. Teile des Rundweges durch die „Ruhrgebietstropen" in Waltrop und Castrop führen unmittelbar am Ufer des Dortmund-Ems-Kanals entlang, andere Streckenabschnitte durch herrliche Waldstücke sowie durch Wiesen und Felder, die deutlich machen, wie grün das Ruhrgebiet eigentlich ist.

Start/Ziel: Parkplatz in der Straße Am Hebewerk in Waltrop (direkt am alten Schiffshebewerk), GPS N 51°36.962' E 007°19.587'

12,2 km

2 Std. 25 Min.

70 m/70 m

56-93 m

Für die Rundstrecke gibt es keine einheitliche Markierung.

Papachristos (ca. km 0,3), Café Restaurant Kortmann (ca. km 1,1), Gaststätte Zur Lohburg (ca. km 3,5), Külpmann's Restaurant (km 4,8), Gastrobus nahe dem Start/Ziel

zahlreiche Sitzbänke entlang der Tour

Stöckchen schwimmen lassen am Leinpfad, ausgedehnte Wälder, große Lastenschiffe und ein beeindruckendes Industriedenkmal – all das sorgt für Kurzweil.

Die überwiegend flache Wegführung ist leicht zu bewältigen. Etwas holperig wird es nur auf dem Teilstück vor der St.-Laurentius-Kapelle und bei ein paar Treppen benötigen Sie Tragehilfe.

Der Weg ist für Hunde gut geeignet.

P Ein kostenfreier Parkplatz findet sich am Start/Ziel.

vom Bahnhof Waltrop mit der Buslinie 285 Richtung Waltrop Goethestraße, am Rathaus umsteigen in die Buslinie 231 Richtung Recklinghausen bis zur Haltestelle Am Alten Hebewerk

Sie starten am P Parkplatz in der Straße Am Hebewerk und gehen in Richtung der markanten Türme des alten Schiffshebewerks. Sie passieren die Straße Im Depot, linker Hand liegt hier der Eingang zum ⌘ **LWL-Industriemuseum Schiffshebewerk Henrichenburg**.

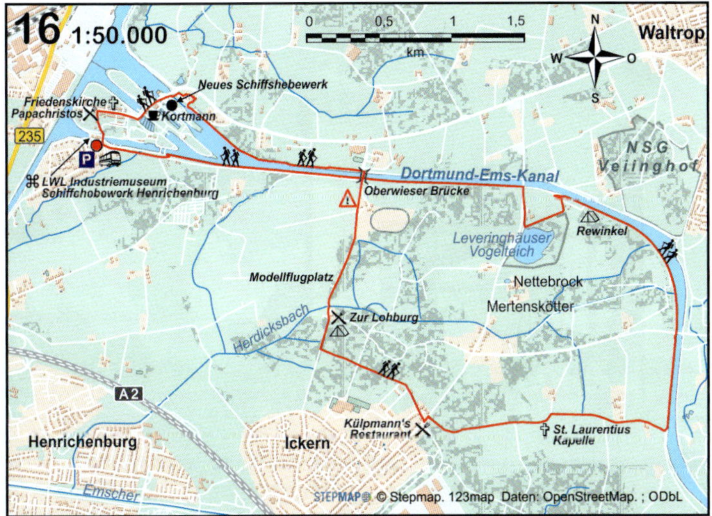

⌘ Schiffshebewerk Henrichenburg

Ein wenig wie ein gestrandetes Raumschiff aus der Vergangenheit wirkt das Schiffshebewerk in Waltrop – und doch war das monumentale Bauwerk lange Jahre Impulsgeber und Stolz einer ganzen Region. Nach rund siebenjähriger Bauzeit wurde das beeindruckende Stahlmonstrum am Dortmund-Ems-Kanal 1899 von Wilhelm II., dem letzten deutschen Kaiser, höchstpersönlich unter dem Jubel der Massen eingeweiht. Ein technisches Wunderwerk, das auch nach seiner Stilllegung im Jahr 1969 nichts an Faszination eingebüßt hat.

Bei der Inbetriebnahme wurde im Waltroper Stadtteil Oberwiese ein Stück Industriegeschichte geschrieben. Denn das hier errichtete, weltweit erste Mehrschwimmer-Hebewerk half Schiffen mit einem Gewicht von bis zu 750 t, die 14 m hohe Staustufe zu überwinden. Damit lag die Kapazität fast doppelt so hoch wie bei den Senkrecht-Hebewerken, wie es sie etwa in England, Frankreich und Belgien in jener Zeit gab. Der an eine gigantische Badewanne erinnernde Trog bot 67 m langen Schiffen Platz.

1962 wurde einen Steinwurf entfernt ein neues, größeres Hebewerk gebaut. Etwas nördlich befinden sich zudem zwei weitere Schleusen. Die Neubauten passten sich den gestiegenen Anforderungen auf den Wasserwegen an, denn die Schiffe wurden immer größer.

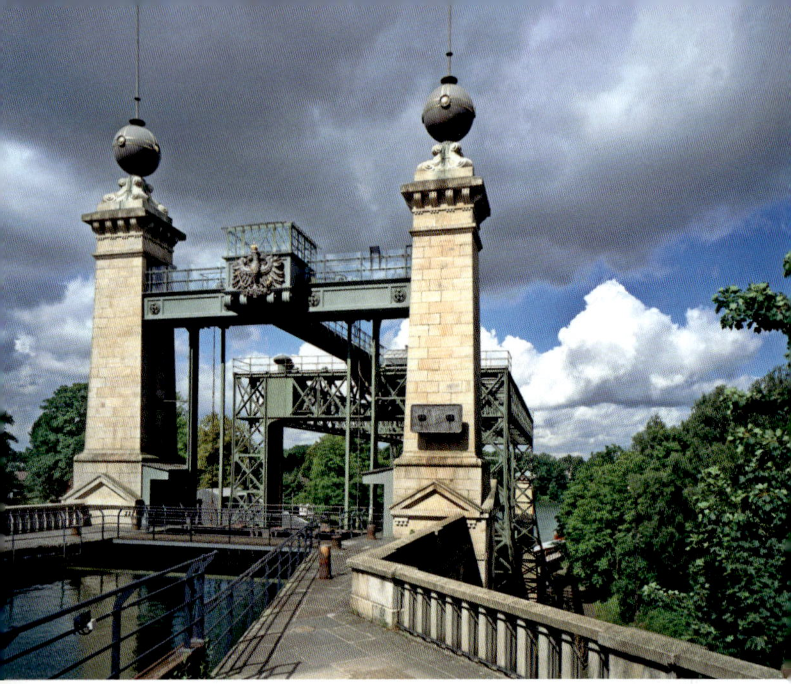

Schiffshebewerk Henrichenburg, © LWL, A. Hudemann

Noch heute beeindruckt das historische Schiffshebewerk, das seit 1992 als Museum fungiert, durch eine gelungene Mischung aus Funktionalität und neobarocker Gestaltung. Im Vorhafen liegt eine Sammlung schwimmender Arbeitsgeräte und historischer Schiffe vor Anker. Vom Museumskai aus legt die „Henrichenburg" zu Besichtigungstouren mit Blick auf den Schleusenpark und die Kanallandschaft ab.

♦ LWL-Industriemuseum Schiffshebewerk Henrichenburg, Am Hebewerk 2, 45731 Waltrop, ☏ 023 63/970 70, 💻 www.lwl.org, 🚪 Di-So 10:00-18:00, Eintritt: Erwachsene € 4, ermäßigt € 2,50, Kinder € 2

Sie folgen der ruhigen Straße durch den kleinen Tunnel unter dem Hebewerk hindurch und bis zum Ende, dort halten Sie sich rechts. Direkt an der Ecke liegt das ✕ **Restaurant Papachristos**, eine Einkehrmöglichkeit, um sich für die bevorstehende Wanderung zu stärken.

✕ Papachristos, Provinzialstraße 19, 45731 Waltrop, ☎ 023 63/721 34, www.restaurant-waltrop.de, Mo-Fr 12:00-14:30 und 17:00-22:00, Sa 12:00-23:00, So und Fei 12:00-22:00

Sie biegen also rechts in die Provinzialstraße ab, der Sie nun ein Stück auf dem Bürgersteig folgen. Auf der linken Seite fällt eine schmucke kleine Backsteinkirche, die 1901 eingeweihte **Friedenskirche am Schiffshebewerk**, in den Blick.

Nach dem Ortsausgangsschild von Waltrop treffen Sie auf einen weiteren Teil des ⌘ **Schleusenparks**. Sie steigen nun die 34 Stufen hinauf, um das Industriedenkmal aus nächster Nähe zu betrachten. Von hier aus haben Sie auch einen schönen Blick auf den vor Ihnen liegenden kleinen Hafen.

Nachdem Sie die Aussicht genossen haben, gehen Sie wieder zurück, die Treppen hinunter, um sich dann rechts zu halten. Sie folgen ein Stück dem Bürgersteig entlang der Recklinghäuser Straße. Direkt rechter Hand nach dem Industriedenkmal liegt das ✕ **Café Restaurant Kortmann am Hebewerk.**

✕ Kortmann am Hebewerk, Zum Neuen Hebewerk 2, 45731 Waltrop, ☎ 023 63/623 86, Di 9:00-18:00, Mi-Sa 9:00-22:00, So und Fei 9:00-21:00

Sie kommen nun zum Neuen Schiffshebewerk, das rechts, sehr markant in rotem Backstein gehalten, liegt. Nach dem Hebewerk biegen Sie rechts auf den Fußweg ab. Dieser bringt Sie an die Straße Oberwieser Stiege. Wenn die Straße auf eine T-Kreuzung trifft, halten Sie sich rechts und folgen dem Weg Richtung Neues Hebewerk. Unmittelbar vor dem Zaun des Hebewerks geht es dann links hinauf auf einen Damm. Die 56 Stufen bringen Sie direkt an das Kanalufer des **Dortmund-Ems-Kanals** bei Flusskilometer 14,7.

Oben angekommen, folgen Sie dem sich selbst erklärenden Pfad am Kanal entlang. Überall am Ufer sind Angler zu sehen, die versuchen, den ein oder anderen kapitalen Fang zu landen. Der teilweise asphaltierte, teilweise geschotterte Uferweg führt schließlich an eine Brücke, Sie gehen links die Treppen hinauf. Das ist bei km 2,6. Am Ende der 24 Stufen halten Sie sich rechts, um auf der Brücke den Dortmund-Ems-Kanal zu überqueren.

Sie folgen nun ein Stück der Lohburger Straße geradeaus. Hier ist Vorsicht geboten, die Straße ist zwar sehr schwach befahren, aber es gibt keinen Bürgersteig. Vorbei an einem Pferdehof zur Linken folgen Sie dem Verlauf der Straße. Durch ländliche Idylle geht es auf ein Waldstück zu. Am Waldrand biegt die Straße nach rechts ab und Sie folgen ihr weiter. Etwa bei km 3,4 liegt rechter Hand das Gelände eines Modellflugplatzes. Besonders an Wochenenden herrscht hier reger Flugverkehr.

Die als 30er-Zone ausgewiesene Straße bringt Sie über den Herdicksbach hinüber. Direkt hinter der Brücke liegt linker Hand die ✕ **Gaststätte Zur Lohburg**. Zur Gaststätte gehört auch ein kleines ⛺ Campingplatzareal.

✕ Zur Lohburg, Lohburger Str. 105, 45731 Waltrop, ☏ 023 09/22 86, 💻 http://lohburg.de, 🚪 Mo und Di ab 14:00, Do-Sa ab 12:00, So ab 11:30

Sie gehen weiter geradeaus und folgen auch weiter der Straße durch den Wald. An der ersten Möglichkeit halten Sie sich dann links, hier ist auch ein Radweg Richtung Seepark Lünen und Zeche Waltrop ausgeschildert. Das ist etwa bei km 3,9. Sie folgen dem geschotterten Weg mit dem Wald zur Linken und einem Feld zur Rechten geradeaus. Er führt mal wieder in den Wald hinein. Wenn Sie im Wald auf eine Wegkreuzung treffen, gehen Sie weiter geradeaus. Vor Ihnen erscheinen bald die Häuser von **Ickern**, einem Stadtteil von Castrop-Rauxel.

Sie stoßen wieder auf eine kleine Straße und setzen Ihren Weg geradeaus fort. Die Straße mit ihren schmucken Einfamilienhäusern heißt Am Rapensweg. Sie passieren die Straße Heidebusch, die rechts abbiegt, und gehen weiter geradeaus. Dann treffen Sie auf die Ickerner Straße, überqueren diese geradeaus und halten sich links (km 4,8). Linker Hand liegt nun auch ✕ **Külpmann's Restaurant**.

✕ Külpmann's Restaurant, Ickerner Straße 160, 45731 Waltrop, ☏ 023 09/41 89, 💻 www.kuelpmanns-restaurant.de, 🚪 Di-So 12:00-22:00

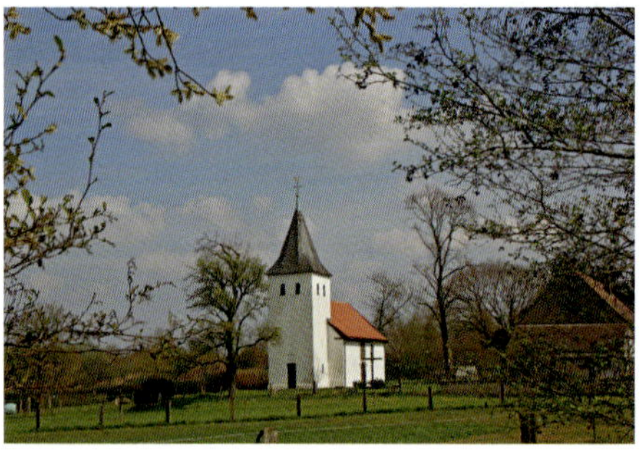

St.-Laurentius-Kapelle

An der nächsten Möglichkeit, ziemlich genau gegenüber der Gaststätte, biegen Sie rechts in den Wald ab. Auf geschottertem Untergrund folgen Sie dem nach links abknickenden Weg. Er führt Sie schließlich aus dem Wald heraus an den Rand eines Feldes. Vor Ihnen erscheint bereits in Blickweite die ✝ **St.-Laurentius-Kapelle**. Sie folgen dem geschotterten Weg mit dem Feld zur Rechten und dem Wald zur Linken und gehen auf die Kapelle zu. Der Weg beschreibt eine kleine Linkskurve und Sie kommen zu einem Jesuskreuz, wo Sie sich rechts halten.

Auf dem Weg zur Kirche dürften nicht wenige mal wieder von der ländlichen Idylle im Ruhrgebiet überrascht sein. Zwischen einigen Gehöften der Bauernschaft **Leveringhausen** ist die Kapelle, deren Geschichte bis in das 11. Jahrhundert zurückreicht, ein ungewöhnlicher Blickfang.

Sie kommen schließlich kurz nach der Kapelle zu einer Straße, dem Kapellenweg, dem Sie geradeaus folgen. Rechter Hand sieht man über die Felder hinweg bereits wieder den Dortmund-Ems-Kanal. Unmittelbar bevor die Straße am Kanalufer nach rechts abbiegt, halten Sie sich links und gehen durch die roten Poller auf dem Weg ans Kanalufer. Sie folgen nun wieder dem geschotterten Weg Richtung Schleusenanlage. Das ist bei km 6,6.

Der fast schnurgerade verlaufende Weg bringt Sie in einem leichten Bogen unter der Viktoriastraße hindurch, die auf einer Brücke über den Kanal führt. Die Brücke wird auch als Waltroper Hafenbrücke Nummer 13 bezeichnet. Der Kanal beschreibt schließlich eine lang gezogene Linkskurve, der Sie auf dem Leinpfad folgen. Nach der Linkskurve, die auch ein beliebter Punkt für Angler ist, wird die Idylle etwas durch einen Kühlturm gestört, der vor Ihnen erscheint. Während Sie sich der nächsten Kanalbrücke nähern, können Sie links einen ⛺ Campingplatz entdecken.

Nach dem bei Dauercampern beliebten Platz halten Sie sich links und gehen einen Trampelpfad hinunter, entfernen sich also etwas vom Kanal (km 8,6). Der Trampelpfad macht einen Linksbogen und führt auf den Campingplatz zu. Unmittelbar vor dem Platz gehen Sie dann nach rechts. An der nächsten Möglichkeit halten Sie sich wieder rechts und wandern am Feld entlang. Mit dem Feld und dem Kanal zur Rechten folgen Sie der asphaltierten Straße. Wenn rechts wieder einige Häuser erscheinen, kann auf der linken Seite durch den Wald der **Leveringhäuser Vogelteich** erkannt werden.

Sie kommen an eine T-Kreuzung und halten sich bei km 9 rechts. Etwa auf Höhe des zweiten Wohnhauses nehmen Sie dann links den Fußweg, der steil ansteigt. Der Weg bringt Sie wieder an die Ickerner Straße. Unmittelbar vor der Brücke gehen Sie rechts die Stufen hinunter zurück ans Kanalufer. Am Ende der 37 Stufen biegen Sie ab links ab, um unter der Brücke hindurchzugehen. Es handelt sich um die Schülkenbrücke bei Flusskilomter 12,216.

Nun folgen Sie weiter dem Leinpfad Richtung Schleusenpark. Sie teilen sich den schnurgeraden Weg mit Radfahrern und werden ab und an von einem Lastenkahn überholt. Der Uferweg steigt für ein Stück zu einem Damm an, während Sie sich der nächsten Brücke nähern. Vor der Brücke fällt der Damm wieder ab, sodass der Weg erneut fast auf Wasserniveau verläuft. Die Brücke ist eine alte Bekannte, die Oberwieser Brücke (Nr. 15) bei Flusskilometer 13,34. Mithilfe dieser Brücke haben Sie zu Beginn dieser Tour den Dortmund-Ems-Kanal überschritten.

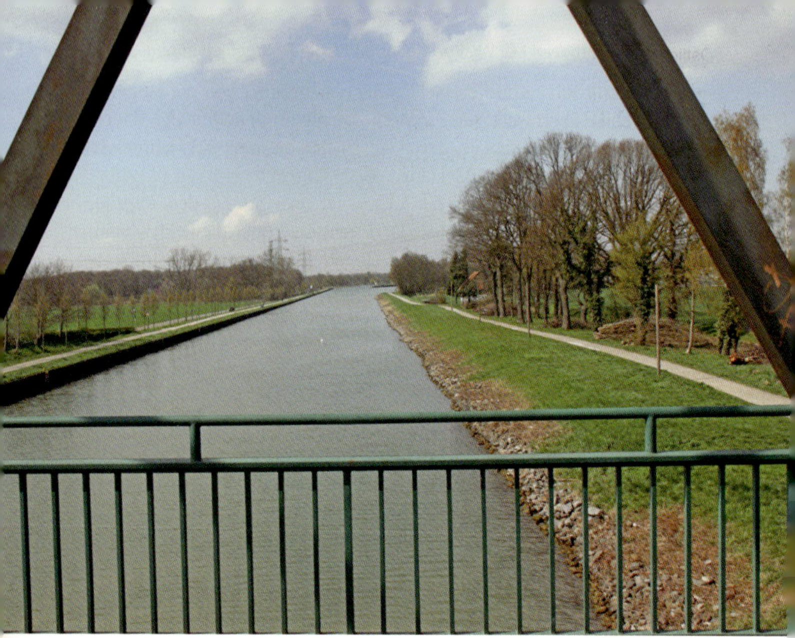

Dortmund-Ems-Kanal

Sie gehen weiter am Kanal geradeaus. Etwa bei km 11,5 gabelt sich der Weg. Rechts geht es für die Schiffe zur neuen Schleuse, Sie wandern noch ein wenig weiter geradeaus, auf die historische Schleusenanlage zu. Unmittelbar vor einer Brücke, die rechts über den Dortmund-Ems-Kanal führt, laufen Sie links den Weg hinunter. Der Weg führt schließlich in einem scharfen Rechtsbogen an eine Straße, der Sie geradeaus folgen. Die Straße heißt Am Felling. Linker Hand liegen nun wieder große Felder und Wiesen, rechts liegt der Damm, hinter dem der Schleusenpark Waltrop liegt. Kurz nach dem Ortseingangsschild von Waltrop liegt rechter Hand der **P** Parkplatz, der Ausgangspunkt dieser Rundtour.

↳ Wer am LWL-Museumseingang links die Straße Im Depot entlanggeht, kommt zum sogenannten ✕ **Gastrobus** (☏ 023 63/91 83 13, 💻 www.gastrobus.com, Di-Sa 11:30-18:00, So 11:00-18:00). Getränke, Kaffee, Kuchen, Grill- und Imbiss-Spezialitäten werden hier mit herrlichem Blick auf das Alte Schiffshebewerk angeboten.

⑰ Haltern am See – rund um die Westruper Heide

✕ ⩩ WC

Tour für Landschaftsgenießer und Familien

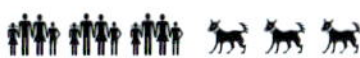

Was für eine herrliche Landpartie! Es fühlt sich fast so an, als wäre man bereits vor den Toren des Ruhrgebiets unterwegs, so ländlich, idyllisch und unverbraucht kommt die Westruper Heide daher. Dabei gehört sie aber gerade noch zum nördlichen Ruhrgebiet. Aber man merkt der Region die Nähe zum Münsterland schon an: Es geht gemächlicher zu, viele Häuser begeistern mit ihrem Backsteincharme, Ausflugscafés locken mit üppigen Kuchenblechen und die Einheimischen, die man unterwegs trifft, sprechen schon ein wenig anders als die „Kumpel“ im Kohlenpott.

Start/Ziel: Wanderparkplatz 39 am Flaesheimer Damm in Haltern am See, GPS N 51°43.866' E 007°14.415'

6,5 km

1 Std. 10 Min.

68 m/68 m

30-51 m

Für die Tour gibt es kein einheitliches Wegzeichen. Im zweiten Teil der Wanderung wird zunächst dem Wanderzeichen A1, dann A2 bzw. A3 gefolgt.

Halterner Seeterrasse (km 1,5), Jupp am See (km 1,9), Lakeside Inn (ca. km 3,8)

zahlreiche Sitzbänke entlang der Tour

WC öffentliche Toilette kurz vor dem Lakeside Inn (ca. km 3,7)

Die Weite der Heidelandschaft, das Seeufer und der Klettergarten dürften Kinder besonders begeistern.

Teilweise geht es über unwegsames Gelände, auf dem ein Buggy nicht fahren kann.

Hunde finden in der weitläufigen Heidelandschaft und entlang des Sees reichlich Platz zum Toben.

P Ein kostenfreier Parkplatz findet sich am Start/Ziel.

Mit dem öffentlichen Nahverkehr ist der Startpunkt nicht zu erreichen.

Vom P Parkplatz Westruper Heide gehen Sie Richtung Flaesheimer Damm und überqueren diesen geradeaus. Direkt hinter der Schranke ist die herrliche Heidelandschaft zu erkennen. An der ersten Gabelung gehen Sie rechts auf dem breiten, sandigen Weg durch die Heide. Nach knapp 240 m ist rechter Hand ein Imkerstand mit Informationstafel zur Bienenzucht erreicht. An der nächsten

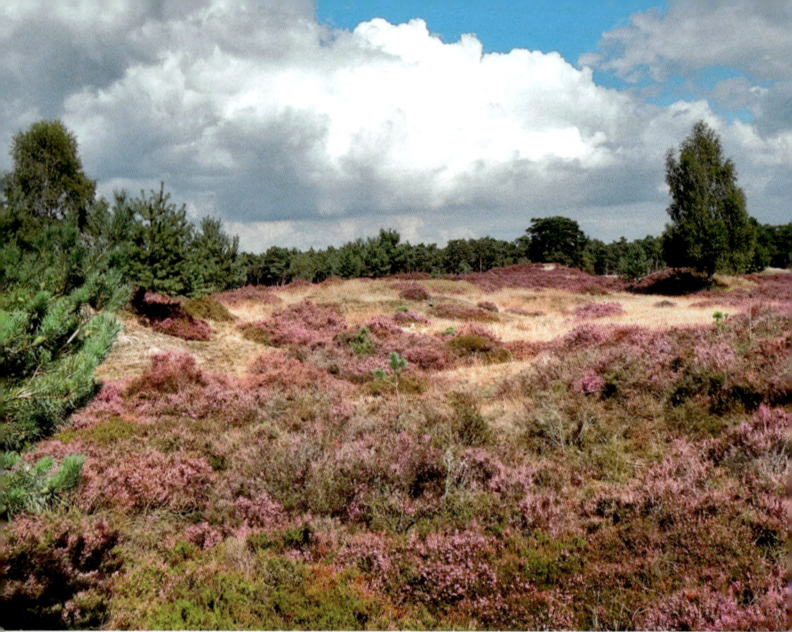

Westruper Heide

Gabelung nach 330 m gehen Sie weiter geradeaus. Wenn bei km 0,5 rechts ein Weg abzweigt, wandern Sie ebenfalls geradeaus weiter.

Westruper Heide

Fast bis ans Ufer des Halterner Stausees erstreckt sich das 86 ha große Areal der Westruper Heide, die seit 1937 unter Naturschutz steht. Entlang der sandigen Pfade besticht das größte Zwergstrauchheidegebiet Westfalens durch Besenheide, Magerrasen und beeindruckende Wacholderhaine. Beweidet wird das Areal in den Sommermonaten durch Schafsherden. Zusätzlich werden die Altflächen im Januar oder Februar durch gezieltes Abbrennen bearbeitet. Die dabei entstehende Asche wirkt als Dünger und verjüngt die Heide.

Die Westruper Heide ist auch Heimat einer reichen Fauna. Sandlaufkäfer, Seidenbienen, Grabwespen, Bienenwölfe und Ameisenlöwen sind hier ebenso zu finden wie Heidelerche, Schwarzspecht, Schwarzkehlchen, Dorngrasmücke, Waldohreule, Schlingnatter und Zauneidechse.

Allgemeine Informationen sowie Hinweise zu naturkundlichen Führungen gibt es unter 💻 www.westruper-heide.de.

Auch an der nächsten Kreuzung nach 790 m gehen Sie weiter geradeaus. Hier sieht es ein wenig so aus, als wäre der Weg zugewachsen. Aber das ist er nicht, Sie können ihm ganz bequem um ein paar Büsche herum folgen. Der Weg wird nun allerdings deutlich schmaler, während er in S-förmigen Kurven durch Kiefern und mannshohe Wacholderbüsche hindurchführt. An der nächsten Gabelung bei km 0,99 biegen Sie links ab. Der sandige Boden führt Sie weiter in Kurven durch die Wacholderheide hindurch. An der nächsten Gabelung nehmen Sie den linken Weg (km 1,05).

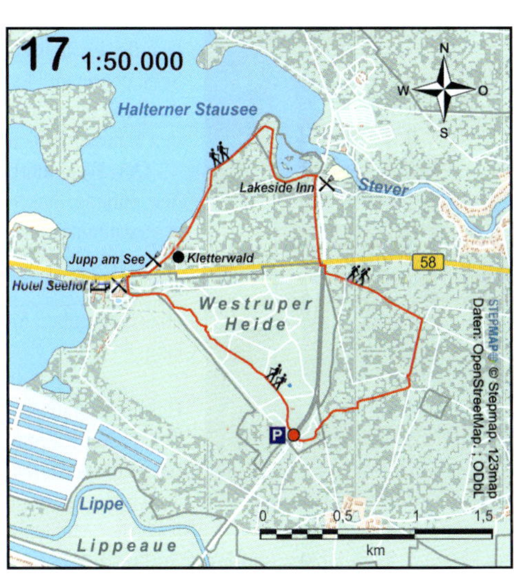

Gut 100 m weiter gabelt sich der Weg, dort gehen Sie halb links weiter. An dieser Stelle befindet sich rechts ein sogenannter Magerrasen. Wenn Sie schließlich bei km 1,3 auf eine T-Kreuzung treffen, biegen Sie rechts ab und wandern durch ein Waldstück hindurch. An der nächsten Gabelung (km 1,38) halten Sie sich links und an der folgenden sofort wieder links. Der Weg schwenkt nach links und Sie gehen auf gelbliche Häuser zu. Vor den Häusern folgen Sie dem Weg rechtsherum. Schon fällt der **Halterner See** in den Blick. Das gelbliche Haus ist das **Hotel Seehof** (www.wellness-hotel-seehof.de), zu dem auch verschiedene Restaurants wie die **Halterner Seeterrasse** gehören.

Halterner Seeterrasse, Hullerner Straße 52, 45721 Haltern am See, ☏ 023 64/134 93, seeterrasse@hotel-seehof.de, Mi-So 12:00-21:00, Fr und Sa bis 22:00

Sie treffen auf die Bundesstraße 58, überqueren diese geradeaus und gehen dann rechts auf den Fußweg. Die Bundesstraße heißt hier auch Hullener Straße. Wenn vor Ihnen **Jupp am See** liegt, das 2014 zu Deutschlands beliebtestem

Biergarten gekürt wurde, biegen Sie links ab (km 1,93). Hier ist der ✎ Wanderweg mit X und A4 gekennzeichnet. Kleine Besonderheit bei der Gaststätte: Hier kann man gemütlich in riesigen Weinfässern sitzen.

✕ Jupp am See, Hullerner Straße 107, 45721 Haltern am See, ☏ 023 64/52 16, www.juppamsee.de, nach Wetterlage

Jupp am See

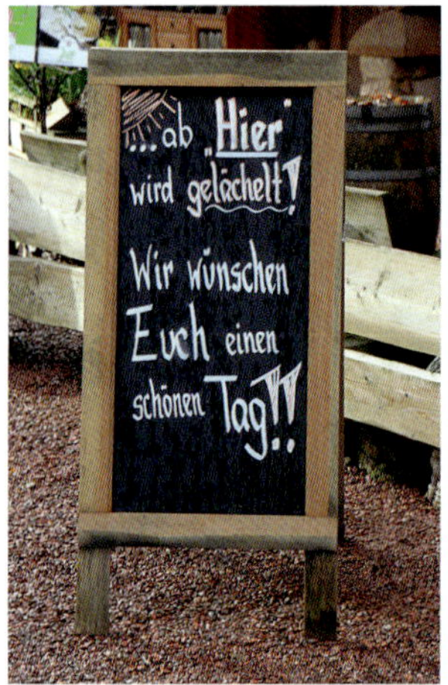

Direkt angrenzend befindet sich der **Kletterwald Haltern** (www.kletterwald-haltern.de, Erwachsene € 19, Jugendliche € 17). Sehr charmant: Es gibt hier eine Seilverbindung mit einer Toilette, mit der man zwischen den Bäumen hin- und herfahren kann.

Der Weg führt nun zwischen Wald und See entlang, linker Hand liegt die Trinkwassergewinnungsanlage. Der Untergrund wechselt schließlich für ein Stück von lehmig auf asphaltiert. Wenn bei km 2,5 rechts ein Weg abzweigt, gehen Sie weiter den Uferweg entlang.

Halterner Stausee

Der Halterner Stausee, auch Stevertalsperre oder Talsperre Haltern genannt, dient der Trinkwassergewinnung. Die Stever und der Halterner Mühlenbach werden hier seit 1930 an einem 1,3 km langen und fast 9 m hohen Wehr aufgestaut. Gut 20 Mio. m^3 Wasser kann das Gewässer, das sich in zwei Teilbecken gliedert, fassen.

Im sogenannten Nordbecken ist Wassersport erlaubt. Hier findet sich auch ein Sandstrand für Badegäste. Mit der MS Möwe verkehrt auch ein Fahrgastschiff auf dem See.

Bei km 3,06, wenn rechts ein Abzweig kommt, ignorieren Sie diesen und gehen weiter am Ufer entlang. An der nächsten T-Kreuzung (km 3,41) halten Sie sich links. Bei km 3,53 folgt eine weitere Kreuzung, dort biegen Sie links ab. Kurz bevor Sie auf eine Straße treffen, liegt rechts in einer Holzhütte eine öffentliche Toilette. Unmittelbar davor biegen Sie rechts ab (km 3,81). Auf der gegenüberliegenden Straßenseite liegt das ✕ **Lakeside Inn**, ein Hotel mit gastronomischer Einrichtung.

✕ Lakeside Inn, Stockwieser Damm 291, 45721 Haltern am See, ☏ 023 64/50 60 80, info@lakesideinn.de, www.lakesideinn.de, täglich ab 9:00

Sie folgen nun einem breiten Weg durch einen Wald, der parallel zur Straße verläuft. Es geht an einem Parkplatz vorbei, ehe Sie wieder auf eine Straße treffen. Bei km 4,35 gehen Sie nach links bis zur Ampel und überqueren die Straße geradeaus. Sie wenden sich dann erneut nach links und überqueren an der nächsten Ampel den Flaesheimer Damm. Danach gehen Sie nach rechts auf den Fußweg, Richtung Datteln und Flaesheim. Sie biegen an der nächsten Möglichkeit links ab, dort ist auch ein Radweg Richtung Hullern ausgeschildert und der Weg ist als ✎ A1/A3 markiert. Nun geht es wieder auf einer breiten „Wanderautobahn" direkt durch den Wald. Wenn bei km 4,6 der Wanderweg A1 nach links abschwenkt, gehen Sie weiter geradeaus. 1 km weiter verlassen Sie dann die Wanderautobahn, biegen rechts ab und folgen der Beschilderung ✎ A2 und A3. Bei km 5,34 zweigt rechts ein Weg ab, dort gehen Sie geradeaus und folgen weiter dem A2 und A3. Nach einem kleinen Anstieg kommen Sie wieder zu einer Gabelung (km 5,63). Hier biegen Sie rechts ab. Wenn Sie bei km 5,99 eine T-Kreuzung im Wald erreichen, halten Sie sich links. An der nächsten Möglichkeit (km 6,03) biegen Sie rechts ab.

Sie gehen nun ein kleines Stück an einem Feld entlang und wieder in den Wald hinein. Der Trampelpfad führt Sie in einigem Abstand zum Feld durch den Wald bis an eine Straße heran. Bei km 6,31 erreichen Sie die Straße und überqueren sie. Schräg gegenüber geht es dann links ebenfalls auf einem Trampelpfad weiter. Direkt an diesem Pfad stehen ein Naturschutzgebiet-Schild und eines, das auf Leinenpflicht für Hunde hinweist. Sie kommen nun wieder in ein Stück mit Wacholderheide, wo Sie dem Trampelpfad folgen. An der folgenden Gabelung biegen Sie nicht rechts ab, sondern halten sich halb links. Der Pfad durch die Heide bringt Sie schließlich wieder zurück an den P Parkplatz, den Ausgangspunkt Ihrer Tour.

☺ Tipp: Wer mit Kindern unterwegs ist und Lust auf einen tollen Tag im Freien mit Toben, Klettern, Rutschen, Hüpfen und Sausen hat, dem sei ein Abstecher zum nahe gelegenen **Erlebnispark Ketteler Hof** empfohlen. Hier dreht sich alles um das Thema Bewegung und die Klettergerüste, Rutschen, Kettcars, Hüpfkissen, Wasserrutschen, Eisenbahnen, Kleintiergehege usw. sind nicht nur top gepflegt, sondern erfüllen auch alle Wünsche von Groß und Klein.

♦ Erlebnispark Ketteler Hof, Rekener Straße 234, 45721 Haltern am See, ☏ 023 64/34 09, info@kettelerhof.de, www.kettelerhof.de, täglich 9:00-18:00, Eintritt: € 14)

⑱ Herten – zwischen Schloss- und Fachwerkfaszination

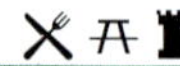

Tour für Landschaftsgenießer und kulturgeschichtlich Interessierte

Zwei stattliche Schlösser und eines der besterhaltenen Fachwerkensembles des Ruhrgebiets dominieren diese Tour durch weite Wiesen sowie schattige Waldstücke.

- Start/Ziel: LWL-Parkplatz 3 an der Straße Im Schlosspark in Herten, GPS N 51°35.568' E 007°07.678'
- 12,9 km
- 2 Std. 25 Min.
- 87 m/87 m
- 37-91 m
- Für die Rundstrecke gibt es keine einheitliche Markierung. In Teilen weisen X und A3 den Weg.
- Restaurant Schloss Westerholt (ca. km 8), Haus Alt Westerholt (ca. km 8,1)
- zahlreiche Sitzbänke entlang der Tour
- Vor allem die Spielmöglichkeiten am Wasserschloss Herten dürften Kinder erfreuen.
- Für Buggys gibt es kaum nennenswerte Hindernisse. Über die Felder kann der Weg schon mal ein wenig holperig sein.
- Der Weg ist für Hunde gut geeignet – auch wenn es im letzten Drittel vorwiegend über wenig befahrene Straßen geht.
- P gebührenpflichtiger Parkplatz am Start/Ziel, kostenfreie in der Resser Straße
- Ab Bahnhof Herten geht es mit der Buslinie 249 Richtung Recklinghausen. Am Rathaus Herten steigen Sie in die Buslinie 212 Richtung Gelesenkirchen Buer Rathaus um und fahren bis zur Haltestelle Schloss Herten. Von hier sind es etwa drei Gehminuten.

Sie starten Ihre Tour am P LWL-Parkplatz 3 und gehen geradeaus die Allee herunter. Rechter Hand liegt der Haupteingang der **LWL-Klinik Herten** und linker Hand der Schlosspark zu Herten. Dort, wo auch Schloss/Gastro ausgeschildert ist, biegen Sie links ab (kurz nach dem Haupteingang zur LWL-Klinik). Und sofort sehen Sie rechts dann das **Wasserschloss Herten**.

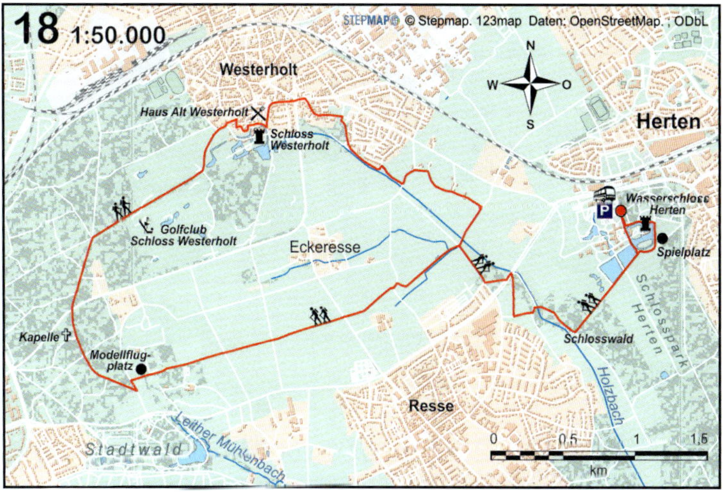

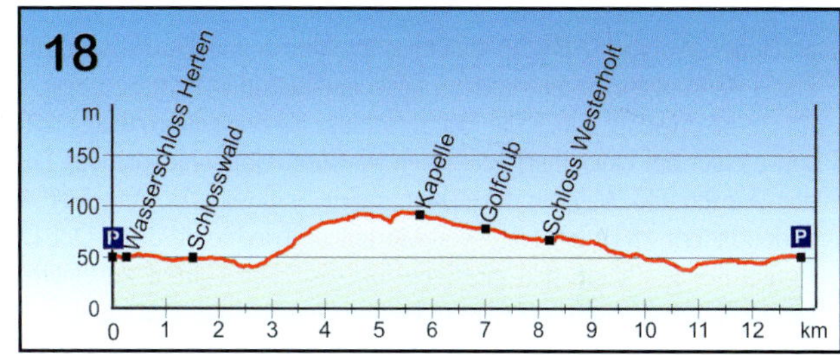

Wasserschloss Herten

Nur einen Steinwurf von der Innenstadt entfernt liegt das prächtige Hertener Wasserschloss inmitten eines alten englischen Landschaftsparks. Das mittelalterliche Kleinod mit den weithin sichtbaren Staffelgiebeln wurde im Jahr 1376 erstmals urkundlich erwähnt und nach einer wechselvollen Geschichte ab den 1970er-Jahren aufwendig renoviert.

Die Hauptburg der denkmalgeschützten Anlage, die ab 1530 unter der Ägide des kurkölnischen Statthalters Bertram von Nesselrode sukzessive erweitert wurde, ist ein rundum von einer Gräfte umgebener Ziegelbau. Das Prunkstück der Architektur im Übergang von der Gotik zur Renaissance war bis 1920

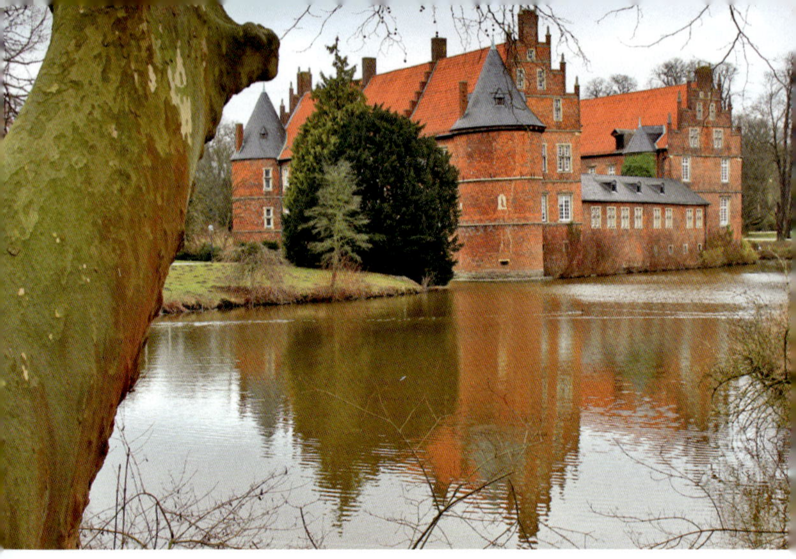

Wasserschloss Herten

gräflicher Wohnsitz, ehe es einem jahrzehntelangen Dornröschenschlaf verfiel. Erst 1974 begannen die rund 15 Jahre andauernden Renovierungsarbeiten.

Heute präsentiert sich das Wasserschloss als zweiteilige Anlage mit Hauptburg sowie einer auf einer Insel gelegenen Vorburg. Umrahmt wird das Ensemble von den Wiesen und Wäldern des 30 ha großen Schlossparks. Angelegt wurde dieser in den Jahren 1814 bis 1817 von Maximilian Friedrich Weyhe. Der Düsseldorfer Hofgärtner gestaltete den einstigen französischen Garten zu einem englischen Landschaftsgarten um, wobei er prägende Elemente des Barocks wie einige Alleen oder die Orangerie von 1725 beibehielt. Der weitläufige Park zeichnet sich dadurch aus, dass hier rund 300 Baumarten zu finden sind, darunter so seltene Gehölze wie ein aus China stammender Taschentuchbaum, Großblattmagnolien, Chiletannen, japanische Scheinzypressen, Kuchen-, Trompeten- oder amerikanische Maiglöckchenbäume. Zu den Blickfängen gehört zudem das 1795 erbaute Tabakhäuschen.

◆ Wasserschloss Herten, Im Schlosspark, 45699 Herten, Park frei zugänglich, sonst nur Außenbesichtigung möglich

Sie gehen am Wassergraben entlang und um das Schloss halb herum. Nach dem Schloss, wenn linker Hand ein großes Stahlklettergerüst für Kinder liegt, folgen Sie dem Weg rechtsherum, quasi am Wassergraben entlang. Von hier bieten sich wieder imposante Blicke auf die Schlossfassade. An der nächsten Möglichkeit biegen Sie dann links ab und laufen am Ufer eines Teichs entlang. Der Weg ist hier geschottert und angenehm breit. Nach dem Teich und einem kleinen Damm kommt ein weiterer Teich, an dessen Ufer Sie entlanggehen.

Wenn nach dem zweiten Teich der Weg nach rechts abknickt, gehen Sie weiter geradeaus. Der flache Weg führt Sie durch ein Landschaftsschutzgebiet hindurch Wenn Sie auf eine T-Kreuzung treffen, biegen Sie rechts ab (km 1,3). Der Weg bringt Sie in einem Linksbogen mithilfe einer Brücke uber den **Holzbach** und hinaus aus dem **Schlosswald**.

Wenn der Weg sich nun gabelt, nehmen Sie den rechten Weg (km 1,7). An der folgenden Gabelung nach einem Feld gehen Sie nach rechts (km 1,82). Zwischen zwei Feldern hindurch führt Sie der Weg an eine Straße. Linker Hand fallen die Häuser des Gelsenkirchener Stadtteils Resse in den Blick. Bei km 2,09 treffen Sie auf eine Straße, den Resser Weg, und gehen nach links. Achtung! Hier gibt es für etwa 50 m keinen Bürgersteig. An der nächsten Möglichkeit biegen Sie sofort wieder rechts ab und gehen am Feld entlang

Unmittelbar bevor Sie auf die Friedhofstraße treffen, biegen Sie rechts in den Resser Grenzweg ab (km 2,31). Sie folgen dem Weg zwischen Feldern, Wiesen und kleinen Waldstücken hindurch. Der breite Wanderweg ist hier in Teilen asphaltiert und in Teilen geschottert. Wenn Sie nach 300 m (km 2,61) wieder auf eine Kreuzung treffen, biegen Sie links ab.

Mit einem Bach linker Hand marschieren Sie durch Felder und Wiesen leicht bergan. Nachdem der Weg nach rechts geschwungen ist und Sie eine T-Kreuzung erreicht haben, halten Sie sich links und gehen weiter bergan durch die Felder. An der unmittelbar danach folgenden Gabelung nehmen Sie den rechten der Wege, der auch als Fußweg markiert ist. Sie treffen schließlich auf die Böningstraße, eine Allee, überqueren diese und setzen Ihren Weg durch die Felder fort. Das ist bei km 3,6.

Der breite Feldweg steigt weiter leicht an. Sie treffen schließlich auf die Bergackerstraße, eine weitere Allee. Auch diese überqueren Sie und gehen weiter geradeaus zwischen den Feldern hindurch.

☺ Wer sich hier umdreht, kann am Horizont das **Horizontal-Observatorium** auf der **Halde Hohenwart** in Recklinghausen erkennen.

Die ruhige, wenig befahrene Straße Bergacker ist bei km 4,14 erreicht. Sie gehen dann weiter leicht bergan auf den Wald zu. Bei km 4,7 kommen Sie dann zu einem kleinen **Modellflugplatz**. Hier gibt es auch Bänke, um sich auszuruhen. Sie folgen dem Weg, der nun deutlich schmaler wird, in den Wald hinein. In dem Waldstück kann es, wie so oft, nach Regenfällen rutschig sein. Einen Trampelpfad, der vor einem Containerstandort rechts abzweigt, ignorieren Sie und gehen weiter geradeaus an den Containern vorbei. Wenn Sie bei km 5,2 auf eine Straße treffen, halten Sie sich links. Unmittelbar vor dem Feld gehen Sie rechts in den Waldweg hinein, der mit X und A3 gekennzeichnet ist (km 5,29).

Sie folgen dem breiten, geschotterten Waldweg, der leicht ansteigt. Wenn bei km 5,5 ein Weg links abzweigt, ignorieren Sie diesen und gehen weiter geradeaus. Der Weg beschreibt nun einen lang gezogenen Rechtsbogen durch den Buchenwald. Bei km 5,74 überqueren Sie eine Kreuzung und gehen weiter geradeaus. Dort ist ein kleines Schild mit einem Kapellen-Signet zu sehen. Linker Hand ist durch die Bäume hindurch die ✞ **Kapelle** auch deutlich zu erkennen.

Bei km 5,85 schwenkt der Weg links zur Kapelle ab, Sie gehen aber weiter geradeaus und folgen dem Weg mit dem X. Dieser bringt Sie schließlich an die Westerholter Straße. Sie überqueren sie und setzen Ihren Weg auf dem gegenüberliegenden Wald- und Trampelpfad fort (km 6,08).

Rechter Hand liegt nun eine Tannenschonung, während Sie weiter geradeaus durch Mischwald gehen. Auch wenn bei km 6,35 ein Weg links abzweigt, wandern Sie weiter geradeaus und folgen dem auch mit X gekennzeichneten Weg. An der nächsten Weggabelung, wo gleich vier Optionen bestehen, nehmen Sie den äußerst rechten Weg, wo auch eine rote Schranke ist (km 6,59). Der Weg bringt Sie aus dem Wald heraus und führt sie über das Areal des Golfclubs. ✋ Beim Gang am Golfplatz entlang ist wegen der tief fliegenden Bälle ein wenig Vorsicht geboten.

Mit Betreten des Golfplatzes fällt am Horizont die Silhouette der Kirche von **Westerholt** in den Blick. Unmittelbar vor dem Park von ⌘ **Schloss Westerholt** knickt der Weg dann nach links ab und Sie folgen ihm. Die Umrisse des Schlosses sind durch die Bäume zu erahnen. Mit dem Areal des Wasserschlosses zur Rechten setzen Sie Ihren Weg geradeaus fort und laufen auf ein Schulgebäude mit blauen Tafeln und blauen Backsteinen zu. Der Weg rechts an der Schule vorbei bringt Sie nach Westerholt hinein. Hier werden Sie sofort von Fachwerkcharme begrüßt.

Westerholt

Das oftmals als „Westfälisches Rothenburg" bezeichnete alte Dorf Westerholt, heute ein Stadtteil von Herten, besteht aus rund 60 gut erhaltenen Fachwerkhäusern, die sich auf einer Fläche von 6,5 ha verteilen. Im Jahr 1991 stellte man diesen historischen Stadtteil unter Denkmalschutz. Reizvoll ist ein Bummel durch die historischen Gassen vor allem wegen der liebevoll gestalteten Gärten und zahlreichen Inschriften in den tragenden Balken.

Erstmals urkundlich erwähnt wurde Westerholt, in dem heute rund 400 Einwohner leben, übrigens im Jahr 1047.

Das Schloss Westerholt wurde nach jahrelangem Leerstand zum Hotel und Restaurant umgebaut. Sehenswert ist auch das **Bergbaumuseum Mühlpforte** (Knappenverein St. Barbara Bergmannsglück/Westerholt 1993, Schlossstraße 1, 45701 Herten, ☎ 02 09/14 38 59, Eintritt frei). In der liebevoll restaurierten Mühlpforte wird ein Stück Bergbaugeschichte bewahrt. Die kleine, aber feine Sammlung umfasst Exponate vom Presslufthammer über Bergmannsklötzchen und Pannschübe bis hin zum „Arschleder" und zur Kaffeepulle.

Hübsche Fachwerkhäuser in Westerholt

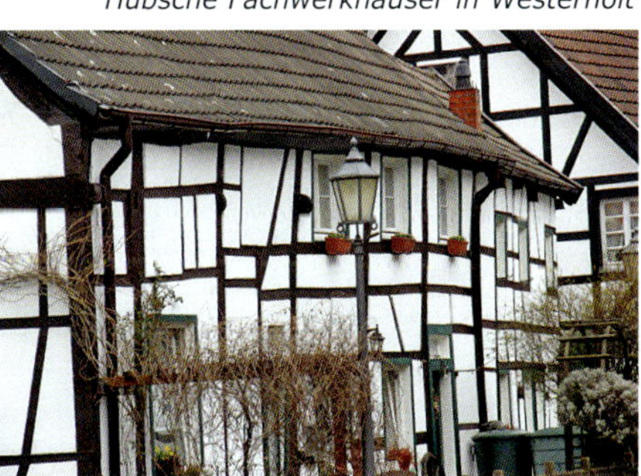

Wenn der Weg sich gabelt, nehmen Sie den rechten Weg und folgen der Straße Über die Gräfte. Am Ende der Straße biegen Sie rechts in die Sackgasse ab. Wenn sie endet, geht es dann nach links auf den schmalen Fußweg. Wenn Sie wieder auf eine Straße treffen, wenden Sie sich nach rechts. Die Straße beschreibt einen Linksbogen und Sie folgen ihr, vorbei an herrlichen Fachwerkhäusern. Sie laufen schließlich auf einen eckigen Turm an einer Kirche zu, dort gehen Sie nach rechts. Rechter Hand liegt jetzt wieder das Schloss mit dem ✕ **Restaurant Schloss Westerholt**.

✕ Schloss Westerholt, Schlossstraße 1, 45701 Herten, ☎ 02 09/14 89 40, 💻 www.schlosswesterholt.de, 🚪 täglich 11:00-23:00

An der nächsten Straßenecke halten Sie sich wieder rechts und folgen der Schlossstraße, an der auch das ✕ **Haus Alt Westerholt** liegt.

✕ Haus Alt Westerholt, Schlossstraße 16, 45701 Herten, ☎ 02 09/352 49, ✉ info@haus-alt-westerholt.de, 💻 www.haus-alt-westerholt.de, 🚪 Di-So 11:30-14:00 und 17:30-24:00

Sie gehen durch den Torbogen des verklinkerten Fachwerkhauses hindurch. Jetzt biegen Sie links in die Mühlenkampstraße ab. An der Kirche folgen Sie dem

Verlauf der Straße rechtsherum. Wenn rechts der Burgmühlenweg abzweigt, gehen Sie weiter geradeaus auf die Ampel zu. Mithilfe der Ampel überqueren Sie die Bochumer Straße und laufen weiter geradeaus. Unmittelbar vor der Tankstelle biegen Sie rechts in die Erlenstraße ab. Am Wendehammer setzen Sie Ihren Weg geradeaus auf dem Fußweg fort.

Vor dem Spielplatz halten Sie sich dann rechts und folgen dem Fußweg. Das ist bei km 9,14. Mit den Häusern zur Linken und dem Wald zur Rechten geht es wieder aus Westerholt hinaus. Wenn links ein Weg abzweigt, laufen Sie geradeaus weiter. Rechter Hand begleitet Sie nun wieder der **Holzbach**, während Sie auf dem schmalen Weg wandern. Unmittelbar vor einem Feld halten Sie sich rechts und gehen auf die Straße zu, den Quellweg. Hier biegen Sie links ab, überqueren also nicht rechts den Holzbach.

Sie folgen für einen Moment dem Verlauf des Quellwegs, der wenig befahren ist. An der nächsten Gabelung halten Sie sich rechts und folgen weiter dem Quellweg. Wenn kurz darauf die nächste Gabelung kommt, biegen Sie rechts in den Hegemannweg ab. Mit einem Bach zur Linken geht es zwischen Feldern und Wiesen hindurch. Während der Bach schließlich nach rechts schwenkt, folgen Sie weiter dem Verlauf der Straße, vorbei an einigen Bauernhöfen. Wenn Sie schließlich auf den Ebbelicher Weg treffen, an einer T-Kreuzung, halten Sie sich rechts.

Der Ebbelicher Weg führt Sie wieder über den Holzbach hinüber. An der nächsten Möglichkeit biegen Sie links ab. Sie gehen nun wieder an Feldern entlang, die Sie schon vom Hinweg kennen. Unmittelbar bevor Sie auf die Friedhofstraße treffen, halten Sie sich links und laufen den Weg am Feld entlang. Sie kommen schließlich wieder zum Resser Weg, den Sie überqueren.

Gehen Sie dann nach links und an der nächsten Möglichkeit sofort wieder rechts in den Fußweg. Sie laufen wieder auf die Häuser des Gelsenkirchener Stadtteils **Resse** zu. Wenn der Weg sich gabelt, halten Sie sich links, und auch an der nächsten Gabelung geht es nach links. Sie überqueren nun ein weiteres Mal den Holzbach. Damit ist auch wieder das Areal des **Hertener Schlosswaldes** erreicht. An der nächsten Gabelung halten Sie sich erneut links. Das ist bei km 12,08.

Sie folgen nun dem geraden, geschotterten Weg, der Sie wieder zum **Schloss Herten** bringt. Noch einmal passieren Sie die beiden Schlossteiche, die auf der linken Seite liegen. Während nun vor Ihnen wieder das Schloss auftaucht, halten Sie sich an der nächsten Gabelung nach dem zweiten Teich links. Es geht über eine Holzbrücke hinüber und Sie setzen Ihren Weg geradeaus fort, um wieder an den **P** Parkplatz zu gelangen, den Ausgangspunkt Ihrer Wandertour. Linker Hand liegt wieder die LWL-Klinik Herten.

⑲ Gelsenkirchen – Malocherimage zwischen Schloss und Halde

Tour für industrie- und kulturgeschichtlich Interessierte und Familien

Gleich mehrere Gesichter des Ruhrgebiets zeigt diese Tour: Architektur und Gartenbaukunst wie an Schloss Berge, herrliche Parklandschaften wie rund um den Berger See, dann wiederum Malochercharme und Wohnkultur wie in der einstigen Arbeitersiedlung Schüngelberg und nicht zuletzt die Gestaltung von Ruhrgebietshalden wie der Halde Rungenberg als Freizeitareal mit künstlerischer Note.

Start/Ziel: Parkplatz am Schloss Berge an der Adenauerallee in Gelsenkirchen, GPS N 51°34.119' E 007°04.056'

7,8 km

1 Std. 40 Min.

112 m/112 m

35-112 m

In weiten Teilen der Strecke gibt es keine einheitliche Markierung.

Restaurant im Schloss Berge (km 0,5), Zum Rungenberg (ca. km 3,2), Balkanhof (ca. km 5,7), Biergarten am Berger See (ca. km 7,6)

zahlreiche Sitzbänke entlang der Tour

WC öffentliche Toilette am Berger See (ca. km 7,6)

Am meisten Spaß dürften Kinder beim Erklimmen der Halde Rungenberg haben. Raum zum Toben und Spielen findet sich auch im Park um den Berger See, auf dem auch Tretboot gefahren werden kann.

Das Gros des Weges lässt sich mühelos mit dem Buggy bewältigen. Nur hinauf zum Nachtzeichen ist es sehr steil – und hinunter zur Siedlung Schüngelberg warten viele, viele Stufen.

Der Weg ist für Hunde mäßig geeignet, da viele Teilstücke direkt an Straßen entlang oder mitten durch Siedlungen führen.

P kostenfreier Parkplatz am Start/Ziel

ab Hauptbahnhof Gelsenkirchen mit der Buslinie 380 Richtung Buer Rathaus bis zur Haltestelle Schloss Berge

Sie gehen vom P Parkplatz an der Adenauerallee Richtung Schloss Berge. An der ersten Möglichkeit, wenn links und rechts je ein Teich liegt, halten Sie sich links. Sie treffen dann auf eine Straße, hier gehen Sie nach rechts. Folgen Sie der schön angelegten Allee parallel zum Wassergraben rechts um das Schloss herum.

Schloss Berge

Markanter Anziehungspunkt im Buerschen Stadtwald ist mit dem Schloss Berge, das auch als Haus Berge bekannt ist, ein eleganter Herrensitz, dessen älteste erhaltene Teile aus dem frühen 16. Jahrhundert stammen. Erbaut wurde die einstige Wasserburg Mitte des 13. Jahrhunderts als Stammsitz der Familie von Berge.

Im 16. Jahrhundert wurde das Anwesen zu einem Schloss umgestaltet. Der repräsentative Dreiflügelbau im Stil des Spätbarocks steht auf einer quadratischen Insel.

Im Jahr 1920 übernahm die Stadt Gelsenkirchen den Prachtbau mit seinen schön angelegten Gärten. Heute sind in dem einstigen Herrensitz ein Hotel sowie ein Restaurant beheimatet.

♦ Schloss Berge, Adenauerallee 103, 45894 Gelsenkirchen, ☎ 02 09/177 40, info@schloss-berge.de, www.schloss-berge.de, Restaurant: täglich 11:30-22:00

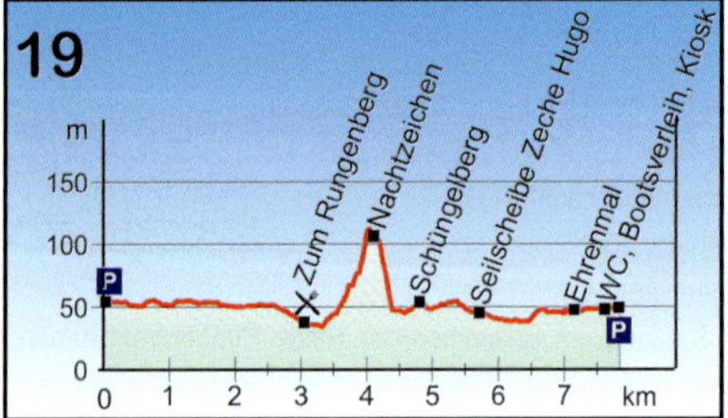

Nachdem Sie ein schönes altes Backsteinhaus und den Sitz der Gelsendienste passiert haben, biegen Sie an der nächsten Möglichkeit rechts in den Wald ab. Das ist etwa bei km 0,32. Sie folgen dem breiten Wanderweg geradeaus durch den Wald. Rechts sind die Gärten von Schloss Berge zu erkennen. Wer möchte, kann nach etwa 450 m rechts in die frei zugänglichen Gärten abbiegen, aber man hat später auf der Tour auch noch die Gelegenheit, sich diese anzuschauen.

Wenn Sie auf ein Tor treffen, das zum Areal eines Tennisclubs gehört, biegen Sie links ab (km 0,5). An der nächsten Möglichkeit geht es dann nach rechts. Rechts liegen nun die Tennisplätze. Der geschotterte Weg beschreibt einen großen Rechtsbogen, dem Sie folgen. Wenn Sie auf die Zufahrtsstraße des Tennisvereins Buer e.V. treffen, überqueren Sie diese und gehen auf dem Fußweg weiter geradeaus. Die erste Wegkreuzung ignorieren Sie und folgen weiter dem Weg, der einen großen Rechtsbogen beschreibt.

Auch an den nun folgenden Wegkreuzungen gehen Sie weiter geradeaus auf der breiten Wanderautobahn durch den Wald. In knapp 100 m Entfernung verläuft hier parallel die Emil-Zimmermann-Allee. Folgen Sie dem Weg weiter im

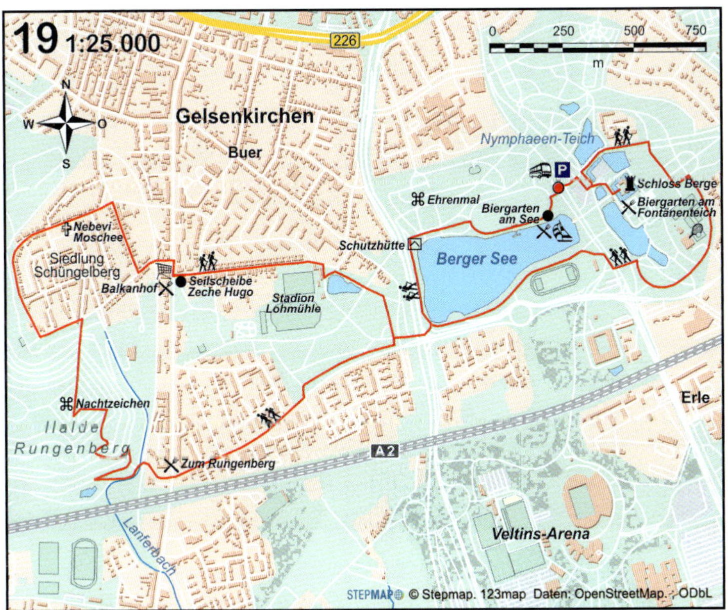

Rechtsbogen. Der Weg verläuft nun ein kleines Stück parallel zu einer Mauer, während vor Ihnen das Schloss und der Fontänenteich erscheinen. Unmittelbar vor dem Gewässer biegen Sie links ab, das ist bei km 1,2.

An der nun folgenden Wegkreuzung gehen Sie weiter geradeaus. Sie kommen schließlich zur Adenauerallee und überqueren diese geradeaus. Auf der anderen Seite wenden Sie sich dann nach rechts. Nach dem Sportplatzgelände halten Sie sich links Richtung **Berger See**.

Berger See

Den Stausee ließ die damals noch selbstständige Stadt Buer im Jahr 1930 in der sogenannten Berger Mulde anlegen. Auf einer Fläche von 12 ha wird hier seither das Wasser des Lohmühlenbachs sowie der Bergenquellen aufgestaut.

Heute dient der See mit seiner umliegenden Parkanlage als beliebtes Naherholungsgebiet. Auf dem See selbst können Hobbykapitäne mit einem Tret- oder Ruderboot fahren.

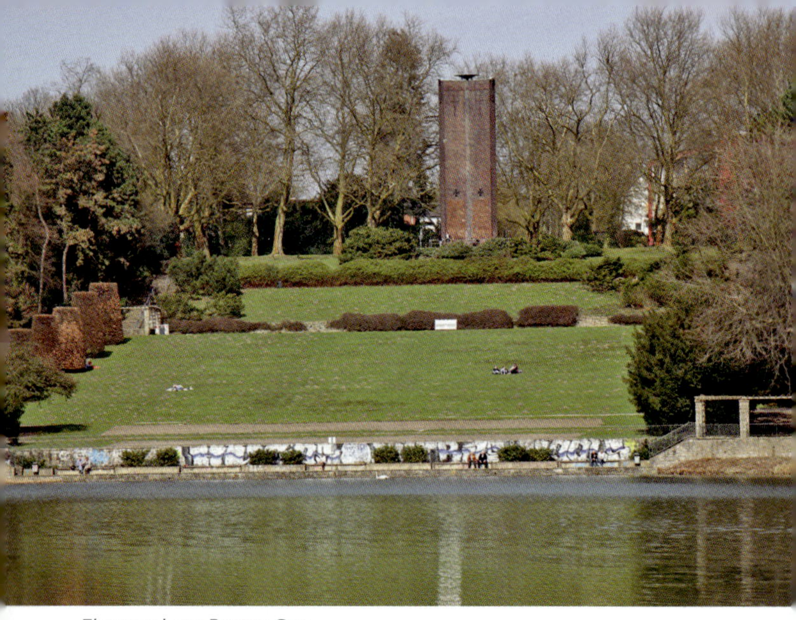

Ehrenmal am Berger See

Wenn Sie auf das Seeufer treffen, wandern Sie links am Ufer entlang (km 1,44). Mit dem See zur Rechten und dem Sportplatz zur Linken setzen Sie Ihre Tour über den breiten Wanderweg fort. Vor Ihnen lassen sich bereits durch die Bäume hindurch die Spitzen der **Halde Rungenberg** erkennen. Entlang des Weges und direkt am Ufer laden zahlreiche Sitzbänke dazu ein, die schöne Landschaft zu genießen.

Etwa bei km 1,9 kommt rechter Hand auf der gegenüberliegenden Uferseite ein riesiges ⌘ Ehrenmal in den Blick. Wenn vor Ihnen eine Straße erscheint, verlassen Sie den Uferweg und gehen Richtung Ampel. Mithilfe der Ampelanlage überqueren Sie die Kurt-Schumacher-Straße geradeaus.

Auf der anderen Straßenseite ist dann der Gelsenkirchener Ortsteil Buer erreicht. Sie überqueren die Beckerader Delle und folgen dem Fußweg, der rechts neben dem kombinierten Fuß- und Radweg verläuft. Dies ist quasi der mittlere Weg, denn auch rechts gibt es noch einen Weg, der leicht talwärts zu einem Sportplatz führt. Der breite Weg leitet Sie nun durch einen großzügigen Park hindurch. Wenn Sie auf eine T-Kreuzung treffen, halten Sie sich links und an der nächsten Möglichkeit wieder rechts. Nun folgen Sie der Emil-Zimmermann-Allee ein Stück auf dem Bürgersteig.

An den zahllosen Fahnen, Wimpeln und Wappen, die hier an den Häusern und Straßen hängen, erkennt man unschwer, dass man in Gelsenkirchen-Buer ist, der Heimat des Fußballbundesligisten FC Schalke. Etwa bei km 2,8 liegt linker Hand ein Aldi-, ein Stück weiter ein Netto-Markt – eine Einkaufsmöglichkeit für alle, die sich noch eine Stärkung für die weitere Wanderung besorgen wollen.

Sie folgen dem Verlauf der Emil-Zimmermann-Allee bis zur Horster Straße. Mithilfe der Ampel überqueren Sie diese. Rechter Hand liegt die Gaststätte ✕ **Zum Rungenberg** mit einem kleinen Biergarten.

✕ Zum Rungenberg, Horster Straße 246, 45987 Gelsenkirchen, ☎ 02 09/177 94 38, 💻 www.zum-rungenberg.de, Di-Sa ab 17:00, So und Fei ab 12:00

Sie setzen Ihren Weg dann auf dem Fußweg, der quasi in Verlängerung der Emil-Zimmermann-Allee liegt, fort. Der Weg, dem Sie nun folgen, ist der Heinz-Günter-Breuker-Weg. Hier findet sich auch der erste Wegweiser zur Halde Rungenberg, die nach einer leichten Rechtskurve vor Ihnen liegt. An der nun folgenden Wegkreuzung gehen Sie geradeaus und über die markante blaue Brücke hinüber. Mit dem Bach zur Linken folgen Sie dem gepflasterten Weg ein Stück um die Halde herum. Der Bach – er heißt Lanferbach – ist hier unschön zwischen Spundbohlen kanalisiert. Wenn er nach links abbiegt und Sie auf eine Wegkreuzung treffen, gehen Sie nach rechts. Wer auf dem Weg nach oben abkürzen will, kann einen der zahlreichen Trampelpfade nutzen, die hier wild auf dem Hügel verlaufen. Da dies aber offiziell nicht gestattet ist, nehmen Sie den regulären Weg, der gepflastert ist und in Bögen zur Haldenspitze hinaufführt.

Halde Rungenberg

Die 110 m hohe Halde entstand durch den Abraum der Zeche Hugo. Seine Form verdankt der größtenteils begrünte und teilweise bewaldete Schuttberg den Plänen des Schweizer Architektenbüros Keller, welches eine genaue Vorstellung entwickelte, wie die Schüttung zu erfolgen hatte. Als Ergebnis findet sich heute auf dem westlichen Teil des Gipfels eine Schuttpyramide, die in der Mitte teilweise durch einen Talabschnitt getrennt ist.

Auf beiden Seiten der zerschnittenen Pyramide thront die Lichtinstallation „**Nachtzeichen**" der Künstler Hermann EsRichter und Klaus Noculak. Die rostigen Stahlrohre wirken wie gigantische Ferngläser. Ihre Spiegelscheinwerfer sind so ausgerichtet, dass sich ihre Strahlen über der Mitte der Pyramide überschneiden und so nachts eine zweite Pyramide über der Pyramide erscheinen lassen.

Die Scheinwerfer werden allabendlich etwa eine halbe Stunde nach der Straßenbeleuchtung eingeschaltet und sind bis Mitternacht in Betrieb.

Der gepflasterte Weg geht schließlich in einen geschotterten über, dem Sie weiter bergauf folgen. An der nächsten Gabelung bei km 3,66, wenn Sie wieder auf einen breiteren Weg treffen, wenden Sie sich nach links. Sofort danach, an der nächsten Möglichkeit, gehen Sie halb rechts den geschotterten Weg hinauf. Etwas gestört wird die Idylle von der auf der linken Seite verlaufenden Autobahn A2.

An der nun folgenden Wegkreuzung gehen Sie weiter geradeaus und wandern auf dem Trampelpfad bergan (km 3,77). Wenn Sie dann wieder auf einen breiteren Weg treffen, halten Sie sich rechts. Rechter Hand liegt nun auf der anderen Seite der Autobahn gut sichtbar die nahe **Veltins-Arena**, die Spielstätte des FC Schalke. An der nächsten Möglichkeit, bei km 3,87, gehen Sie links den Trampelpfad hinauf. Der Weg führt Sie nun an einer Reihe von dicht bewachsenen Bäumen und Büschen entlang.

Sie treffen wieder auf einen etwas breiteren Weg und halten sich rechts, um dann an der nächsten Möglichkeit links den Trampelpfad steil hinauf zu wandern. Sie stoßen wieder auf einen breiteren Weg und halten sich rechts. Bevor der Weg dann eine Linkskurve macht, gehen Sie steil links den Pfad hinauf. Wenn Sie auf den nächsten breiten Pfad treffen, überqueren Sie diesen geradeaus und laufen weiter steil den Berg hoch. Im Blickfeld erscheinen weitere Teile von Gelsenkirchen mit Industrieanlagen und alten Zechentürmen. Auch den nächsten Weg überqueren Sie und laufen geradeaus auf die Installation ⌘ **Nachtzeichen** zu.

Nachdem Sie den Panoramablick vom ersten der beiden Nachtzeichen genossen haben, gehen Sie den Berg wieder leicht hinunter Richtung A2 und halten sich an der ersten Möglichkeit leicht rechts. Sie laufen nun quasi zwischen den beiden Nachtzeichen hindurch. Sie folgen dem Trampelpfad, der auf die Treppe zuläuft, und eine Siedlung mit ungewöhnlich geformten weißen Häusern mit grauen Dächern liegt vor Ihnen in der Talsenke. Der Pfad führt nun steil auf die Treppe zu. Vor Ihnen fällt ein Zechenturm in den Blick. Sie folgen den Treppen talwärts. Am Ende der 295 Stufen überqueren Sie mithilfe einer Brücke einen Bach. Sie kommen zu einer ungewöhnlichen Neubausiedlung mit sehr langen, schmalen Häusern, dem modernen Teil der ⌘ **Siedlung Schüngelberg**.

⌘ Siedlung Schüngelberg

Zwischen 1897 und 1919 wurde die gartenstädtische Arbeitersiedlung nach Plänen von Wilhelm Johow am Fuß der heutigen Halde Rungenberg für die Bergleute der Zeche Hugo errichtet. Der neue Siedlungsbereich mit 220 Wohneinheiten in Reihenhausform entstand zwischen 1993 und 1999 nach Plänen des Schweizers Rolf Keller. Die Schüngelberg-Siedlung ist heute Teil der Route der Industriekultur (💻 www.route-industriekultur.ruhr), aber auch der Route der Wohnkultur (💻 www.routederwohnkultur.de).

Nach der Brücke halten Sie sich links und gehen durch einen Torbogen hindurch. Sie folgen ein Stück der Holthauser Straße geradeaus. Die Halde Rungenberg mit ihren markanten Nachtzeichen liegt nun links. Sie passieren die Straße An der Ziegelei, die nach rechts abzweigt. Unmittelbar nach dem Nachbarschaftshaus des Fördervereins Schüngelberg e.V. biegen Sie rechts ab. Sie folgen nun ein Stück der Schüngelbergstraße. An der ersten Möglichkeit wenden Sie sich erneut nach rechts und gehen in die Albrechtstraße. Biegen Sie dann an der nächsten Möglichkeit wieder nach links ab. Das ist ebenfalls die Albrechtstraße.

Sie treffen schließlich wieder auf die Schüngelbergstraße und halten sich rechts. Das ist bei km 5,06. Folgen Sie weiter dieser Straße. Rechter Hand liegt die ✝ Nebevi-Moschee. Nach der Moschee queren Sie die Westfalenstraße. An der nächsten Kreuzung biegen Sie rechts in die Ostfalenstraße ab. Das ist bei km 5,4. Linker Hand liegt ein Büdchen, wo man sich mit Getränken und Süßwaren eindecken kann.

Wenn Sie wieder auf die Holthauser Straße treffen, halten Sie sich links (km 5,6). Sie folgen dem Fußweg durch die Unterführung hindurch. Rechter Hand liegt nun ein Rewe-Supermarkt, der Montag bis Samstag geöffnet hat (7:00-21:00). Sie kommen an die Horster Straße, überqueren diese geradeaus und gehen dann nach rechts. Rechter Hand liegt mit dem ✕ **Balkanhof** eine weitere Einkehrmöglichkeit.

✕ Balkanhof, Horster Straße 182,
45897 Gelsenkirchen, ☏ 02 09/59 26 56,
www.hotel-restaurant-balkanhof.de

Seilscheibe

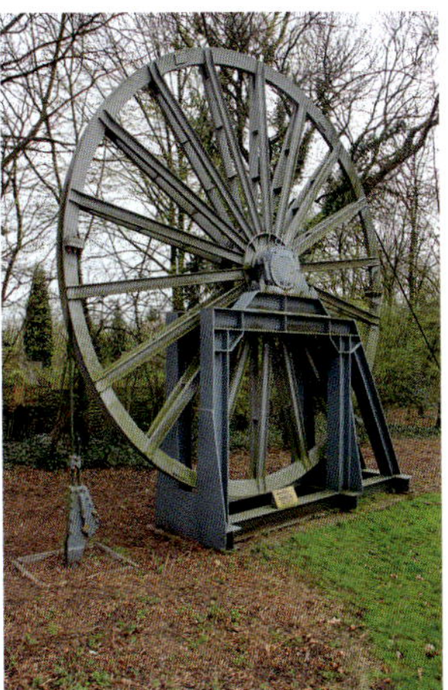

Sie biegen nun links in die Hugostraße ab, wo rechts eine ehemalige Seilscheibe des Bergwerks Hugo mit einem Durchmesser von 6 m für einen Blickfang sorgt. Auch entlang der Hugostraße befindet sich auf der linken Seite eine ehemalige Arbeitersiedlung. Schließlich kommen rechter Hand zwei Sportplätze in den Blick, an denen Sie entlanggehen. Das ist die Heimspielstätte der Spielvereinigung Westfalia Buer. Die Anlage nennt sich **Stadion Lohmühle**.

Nach dem Eingang zum Sportgelände biegen Sie rechts auf den Fußweg ab. Sie gehen sodann links am Teichufer entlang. Die erste

Wegkreuzung nach dem Teich ignorieren Sie und gehen weiter geradeaus. An der zweiten Wegkreuzung halten Sie sich dann rechts. Der asphaltierte Weg durch den Park steigt nun wieder leicht an. Kurz bevor Sie auf die Emil-Zimmermann-Allee treffen, gehen Sie nach links. Sie überqueren die Beckeradsdelle und gehen geradeaus auf die Ampel zu, um auch die viel befahrene Kurt-Schumacher-Straße zu überqueren. Auf der anderen Seite gehen Sie wieder halb links auf den Berger See zu. Am Seeufer halten Sie sich links und laufen quasi ein Stück parallel zur Kurt-Schumacher-Straße. Über den See hinweg ist das Schloss Berge gut zu erkennen.

Wenn der Weg sich schließlich gabelt, biegen Sie rechts ab und folgen dem Uferweg. Kurz darauf liegt links eine Schutzhütte, auch hier biegen Sie rechts ab, um auf den Uferweg zu gelangen. Bei km 7,3 steht linker Hand am Ende einer großen Wiese das schon erwähnte ⌘ Ehrenmal. Sie folgen dem breiten, geschotterten Weg parallel zum Ufer. Die große Wiese im Park ist in der warmen Jahreszeit ein beliebter Grill- und Bolzplatz.

Sie passieren einen Bootsverleih, wo diejenigen, die noch Power in den Beinen verspüren, sich ein Tret- oder Ruderboot leihen und noch eine Runde über den See absolvieren können. Besonders beliebt sind dabei die Schwanenmodelle der Tretboote. Zum ⛵ Bootsverleih gehört der ✕ **Biergarten am See**. Außerdem finden sich hier öffentliche Toiletten.

✕ Biergarten am See, ☏ 01 60/845 09 45, 💻 www.schloss-biergarten.de,
🚪 Mo-Sa ab 14:00, So ab 11:00

Zwischen Wiese und See führt Sie der Weg wieder Richtung Adenauerallee. An der nächsten Gabelung gehen Sie nach rechts und dann sofort wieder nach links, um an die Adenauerallee zu gelangen. Sie überqueren die Straße und kommen wieder zum Parkplatz des Schloss Berge. Bei km 7,8 ist der Ausgangspunkt wieder erreicht.

☺ Es empfiehlt sich, jetzt noch ein wenig in den Gärten von Schloss Berge zu lustwandeln, sich in der Gastronomie des Schlosses zu stärken oder im ✕ **Biergarten am Fontänenteich** zu verweilen.

✕ Biergarten am Fontänenteich, ☏ 01 60/845 09 45, 💻 www.schloss-biergarten.de,
🚪 März-Okt täglich ab 11:00 (außer an Regentagen)

20 Essen – Gelsenkirchen: Zweistädtetour von der Schurenbachhalde zum Nordsternpark

Tour für industrie- und kulturgeschichtlich Interessierte und Familien

Erst geht es hoch hinauf auf die Schurenbachhalde mit ihrem markanten Kunstwerk auf der Kuppe, dann tief hinein in die Geschichte des Ruhrgebiets. Der Nordsternpark hat sich zum kulturellen Treffpunkt gemausert, nicht nur wegen der Rolle, die er während des Kulturhauptstadtjahres innehatte.

Wer für seine Kinder eine Wandermotivation braucht, kann hier die kleine, feine Miniatureisenbahnwelt besuchen, den Deutschland-Express, und in die Winzwelt der Züge eintauchen.

Start/Ziel: Nordsternstraße in Essen, GPS N 51°30.677' E 007°00.693'

8,9 km

2 Std. 15 Min.

114 m/114 m

29-90 m

In weiten Teilen der Strecke gibt es keine einheitliche Markierung.

Heiners (ca. km 4,5)

zahlreiche Sitzbänke entlang der Tour

Die Schurenbachhalde, vor allem aber die vielen Spielmöglichkeiten im Nordsternpark und der Deutschland-Express machen die Tour auch für Kinder überaus spannend.

Die Schurenbachhalde hinauf gibt es einige steile Passagen – und beim Weg hinunter einige Stufen zu bewältigen. Ansonsten geht es überwiegend über gut ausgebaute Wege.

Der Weg ist für Hunde geeignet – es geht fast nur über Wiesen, Felder, durch Waldstücke und am Kanalufer entlang.

kostenfreie Parkmöglichkeiten entlang der Nordsternstraße am Start/Ziel

mit der U-Bahn-Linie 11 Richtung Gelsenkirchen bis zur Haltestelle Heßlerstraße, von dort ca. 5 Gehminuten

Der Startpunkt liegt an der Nordsternstraße, dort, wo die Straße eine Linkskurve macht (hier gibt es auch Parkplätze). Sie biegen rechts in den Trampelpfad ab. Wenn Sie nach 100 m an eine Gabelung kommen, gehen Sie auf den

Trampelpfad geradeaus. Wenn der Weg sich nach 85 m gabelt, biegen Sie rechts ab. Wer möchte, kann hier auch alternativ links abbiegen, dies ist ein Weg für Kinderwagen und Autos, der andere ist etwas ambitionierter.

Nach 150 m kommt ein erster steiler Anstieg. Nach 230 m gabelt sich der Weg und Sie gehen nach links, weiter steil bergan. Nachdem Sie den zweiten steilen Anstieg geschafft haben, biegen Sie rechts ab.

Die Wanderung führt Sie nun durch ein schön bewaldetes Stück. Der Untergrund kann bei feuchter Wetterlage recht schlammig und rutschig sein. Nach 360 m treffen Sie wieder auf ein T-Stück und biegen links ab. Es geht ein kleines Stück eben weiter und dann sofort an der nächsten Möglichkeit rechts wieder bergan.

Auf einem verwunschenen Pfad laufen Sie unter Sträuchern und Bäumen hindurch bergauf. Bei km 0,41 biegen Sie vor ein paar Eisenbahnschwellen, die in den Boden eingelassen sind, links in den Trampelpfad ab und gehen weiter aufwärts. Sie kreuzen einen anderen Weg und folgen weiter dem Trampelpfad bergan. Bei km 0,44 treffen Sie erneut auf einen Weg und direkt dahinter auf eine geschotterte Straße, hier biegen Sie rechts ab.

Der geschotterten Straße folgen Sie weiter bergan. Von hier bieten sich schon herrliche Rundblicke auf Essen, die Skihalle und das Tetraeder in Bottrop sowie das Gasometer in Oberhausen. Man sieht auch ein paar qualmende Schlote, sodass an dieser Stelle richtiges Ruhrgebietsfeeling aufkommt. Nach einer Gesamtwegstrecke von gerade einmal 500 m ist bereits das Plateau der Schurenbachhalde erreicht. Dieses ist relativ kahl, geschottert und in der Mitte steht die berühmte Bramme.

Schurenbachhalde

Das Plateau der Schurenbachhalde erinnert optisch ein wenig an ein Mondpanorama ohne Krater. Die Fläche ist völlig baum- und strauchlos, sieht man einmal von dem einen oder anderen Wildwuchs hier ab. Die Landschaft ist grau und rau – und doch versprüht sie dieses gewisse Etwas. Eine leicht gewölbte Oberfläche bestimmt das Bild. Einziger Fixpunkt in der Weite dieser fast flachen Bergkuppe ist eine mächtige Walzstahlplatte, die sich senkrecht aus der Mitte der Schurenbachhalde erhebt. Die überaus minimalistische Plastik wurde von dem Amerikaner Richard Serra entworfen und trägt den Namen „**Bramme für das Ruhrgebiet**".

Aufgrund seiner exponierten Lage hat das 14,5 m hohe Stahlmonstrum fast schon eine magnetische Anziehungskraft und scheint mit jedem Schritt, den man dem Kunstwerk näher kommt, ein wenig zu wachsen. 67 t schwer ist die exakt in Ost-West-Ausrichtung aufgestellte Landmarke, dabei 4,2 m breit und mit 13,5 cm gerade mal doppelt so dick wie ein guter Roman.

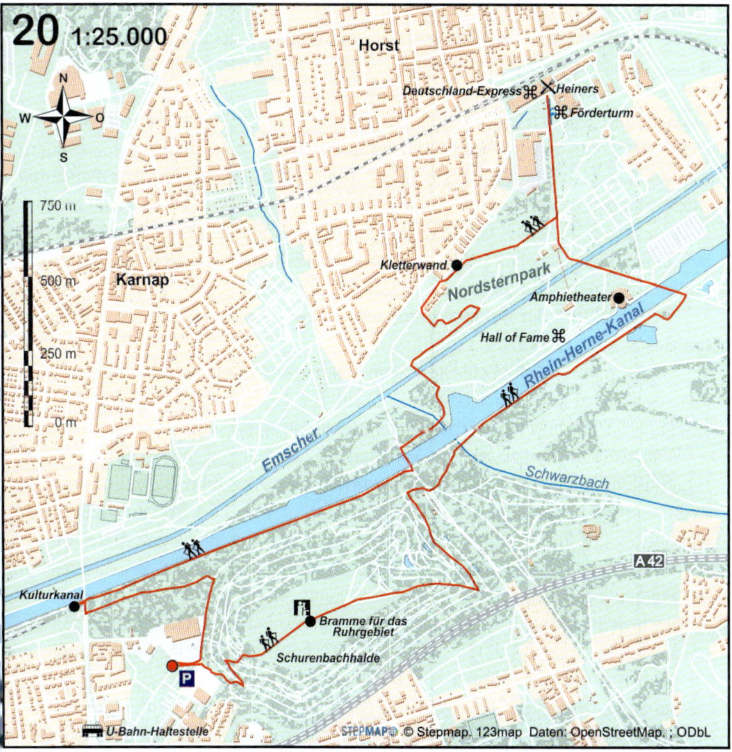

Die Schurenbachhalde selbst ist eine gigantische Hinterlassenschaft der Bergbauära – 43 ha groß. Ein 50 m hoher Berg aus 25 Millionen Tonnen Abraum der umliegenden Zechen. Ende der 1990er-Jahre wurde sie nach dem Ende der Kohleförderung begrünt und ist heute so

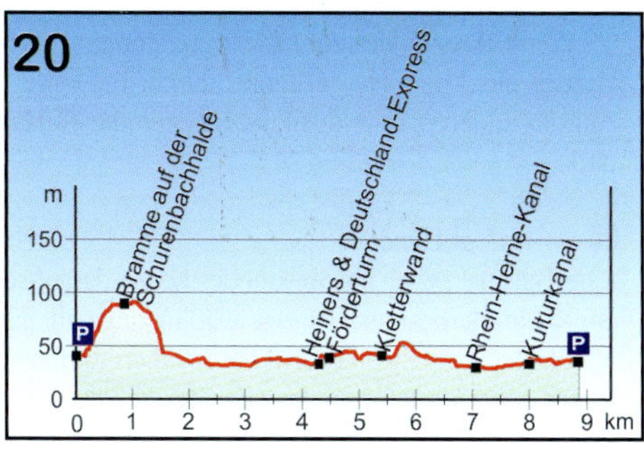

etwas wie der größte Aussichtsbalkon am **Rhein-Herne-Kanal**. Eine „Kuppenveranda", deren Flanken begrünt und mit Wanderwegen überzogen sind.

♦ Schurenbachhalde, Emscherstraße, 45329 Essen, rund um die Uhr frei zugänglich

Während Sie sich der Bramme nähern, können Sie auf der linken Seite am Horizont bereits den Turm des Nordsternparks sehen, zu dem Sie später wandern werden. Direkt hinter dem Turm ist auch die Veltins-Arena mit dem markanten weißen Dach zu erkennen.

Cineasten fühlen sich bei der Betrachtung der Bramme sicherlich unweigerlich an Stanley Kubricks Film „2001: Odyssee im Weltraum" erinnert, als die Protagonisten auf dem Mond ein sehr ähnlich anmutendes Gebilde fanden.

Bei km 0,8 ist die Bramme dann zum Anfassen nahe, verbunden mit Rundumblicken über Oberhausen und Essen.

Es gibt mehrere Möglichkeiten, vom Haldenplateau herabzusteigen. Sie nehmen den Weg, der ziemlich geradeaus in der Laufrichtung liegt, aus der Sie gekommen sind, und wo Sitzbänke aus Metall zu sehen sind.

Während Sie bergab gehen, kommen Sie an jeder Menge Sanddorn- und Hagebuttensträuchern am Wegesrand vorbei. Der Weg führt Sie nun direkt auf eine Treppe zu, dahinter sehen Sie die Autobahn A42. Die Treppe ist ein ungewöhnliches Konstrukt, weil die Stufen sehr breit und aus Metall gefertigt sind. Bis zur ersten Zwischenstufe sind 75 Treppenstufen zu überwinden. Bis zum nächsten Plateau folgen 92 Stufen, dann noch einmal 49.

Nach dem dritten Treppenabschnitt biegen Sie links ab auf einen geschotterten Weg, der in den Wald hineinführt. ☝ Gehen Sie hier bitte nicht geradeaus die nächsten Treppen hinunter.

Bei km 2,06 treffen Sie wieder auf einen asphaltierten Weg, hier wenden Sie sich nach rechts. An der Kreuzung biegen Sie rechts ab und an der nächsten Möglichkeit geht es links ab. Von hier sind es bis zum Nordsternpark 1,7 km.

Wenn Sie sich diesem nähern, schimmert durch die Bäume immer wieder das Wasser des Rhein-Herne-Kanals durch. Bei km 2,4 haben Sie das Ufer erreicht. Auf der anderen Seite des Kanals liegen die ⌘ **Hall auf Fame** und der Nordsternpark.

⌘ Hall of Fame

Eine Halle ist sie nicht, obwohl der Name darauf schließen lässt. Die Hall of Fame am Rhein-Herne-Kanal ist eine 400 m lange ehemalige Hafenmauer, auf die Graffitikünstler legal ihre Kunstwerke sprühen dürfen. Eine ebenfalls besprühte Holztreppe führt hinunter an das Ufer des Kanals, wo nicht selten reichlich Aerosol in der Luft liegt. Zwischen den Mauersegmenten regiert die Spraydose. Der begrünte Uferabschnitt ist seit dem Jahr 2005 Tummelplatz von Jugendlichen, die an den Betonwänden ihre ganz besonderen Statements in Form von bunten Graffitis hinterlassen.

Junge Künstler können hier ihren persönlichen Stil zum Ausdruck bringen, ihren eigenen Style entwickeln und ihre Kreativität ausleben. Bei ihrem Schaffen lassen sich die Künstler an der Hafenmauer, die längst zur „Hall of Fame" hochstilisiert wurde, bereitwillig über die Schulter schauen und lassen so Nicht-Sprayer miterleben, wie ein einzigartiges Kunstwerk entsteht.

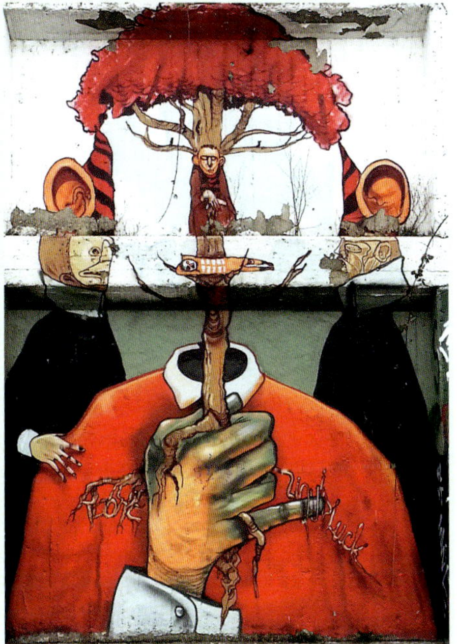

Hall of Fame: Graffitikunst auf der ehemaligen Hafenmauer

Allerdings ist die Kunst am Rhein-Herne-Kanal vergänglich, was nicht nur an den Witterungsbedingungen liegt, die dafür sorgen, dass die Farbe hier und da abblättert. Auch die Tatsache, dass sich hier ein jeder ausprobieren darf, führt dazu, dass fast bei jedem Besuch neue Motive zu bewundern sind. So ist die Hall of Fame sozusagen eine Freiluftgalerie mit permanenten Wechselausstellungen.

Schade nur, dass sich einige Sprayer nicht mit dieser Fläche begnügen, sondern immer wieder auch Teile der unter Denkmalschutz stehenden Gebäude des Nordsternparks farblich umgestalten.

♦ Hall of Fame, Nordsternpark, Am Bugapark 1, 45899 Gelsenkirchen,
www.nordsternpark.info, ganztägig frei zugänglich

Sie folgen dem geschotterten Uferweg, der auch von Radfahrern frequentiert wird. Immer wieder wird dabei der Blick auf die besprühten Wände der Hall of Fame frei. Sie sehen nun auch das Amphitheater sowie eine markante Brücke mit roten Bögen. Wenn der Weg sich bei km 2,76 gabelt, nehmen Sie den rechten Weg, gehen also nicht geradeaus am Ufer weiter, um über die Brücke zu gelangen.

Sie passieren bald einen großen Teich, in dem sich zahlreiche Koi-Karpfen tummeln. Der geschotterte Weg führt Sie in einem Bogen auf die Brücke hinauf, mit deren Hilfe Sie den Rhein-Herne-Kanal überqueren, um auf das Areal des Gelsenkirchener ⌘ Nordsternparks zu gelangen.

⌘ Nordsternpark

Sie hat keine Räder und gewandert ist sie auch nicht. Gleichwohl kann sich die Zeche Nordstern einen ungewöhnlichen geografischen Wandel auf die Fahne schreiben: Als im Jahr 1857 das Abteufen, also die Erschließung der Schächte, begann, war sie die nördlichste Förderanlage des Ruhrgebiets, bei der Stilllegung 1993 die südlichste.

Wie an vielen Orten im Revier war die letzte Grubenfahrt zugleich der Start für den Neuanfang. Das Zechengelände wurde in einen modernen Gewerbe- und Wohnpark und einen attraktiven Freizeit- und Landschaftspark umgewandelt. Der Ritterschlag für den Nordsternpark folgte 1997, als das Areal die Bundesgartenschau beheimatete.

Seit mittlerweile zwei Jahrzehnten wird hier keine Kohle mehr gefördert. Trotzdem werden weite Teile des Areals systematisch untergraben – allerdings nicht von Bergleuten, sondern von Maulwürfen, für die sich die riesigen Rasenflächen als eine Art Selbstbedienungsladen bei der Futtersuche erweisen.

Wahrzeichen des Parks ist eine 110 m lange Doppelbogenbrücke. In ihrem Schatten erhebt sich am alten Hafen ein Amphitheater mit 6.100 Plätzen und tollem Kulturprogramm. Während der nahe gelegene Kohlebunker stummer Zeuge der Zechengeschichte ist, können Sie bei Führungen im 63 m langen Bergbaustollen eine Menge über die Arbeit unter Tage und das schwarze Gold erfahren.

Steil nach oben geht es im Klettergarten mit seinen 16 m hohen Türmen und vor allem im Nordsternturm. Zu Füßen der 18 m hohen Herkulesfigur von Markus Lüpertz lässt sich hier aus knapp 80 m Höhe die Parkherrlichkeit zwischen Emscher und Rhein-Herne-Kanal aus der Luft in Augenschein nehmen.

♦ Nordsternpark Gelsenkirchen, Am Bugapark, 45899 Gelsenkirchen, www.nordsternpark.info, ganztägig frei zugänglich

Es geht weiter auf dem geschotterten Weg, das Amphitheater zur Linken, und über eine weitere Brücke. Der Weg führt Sie nun über die Emscher hinüber. Wenn sich der Weg vor einem Brückenkonstrukt gabelt, nehmen Sie den zweiten Abzweig direkt über die Brücke (km 3,81).